图说 福建与海上丝绸之路

牵星过洋

福建与东南亚

主编 谢必震
副主编 吴巍巍

聂德宁 张元 著

海峡出版发行集团
THE STRAITS PUBLISHING & DISTRIBUTING GROUP
福建教育出版社

2018年度国家社会科学基金重大项目
“古代中国海上丝绸之路图像资料的收集、整理与研究”

（项目编号：18ZDA186）

总　序

谢必震

早在公元前 1 世纪，我国就有一条从今广东徐闻、合浦通往印度东岸的完整的海上航线，但早期的中国航海与国家的经济发展没有多大的关系。帝王组织航海，多半是为了寻找长生不老之药，或是为了追寻海外的奇珍异宝，供宫廷奢侈糜烂的生活所需。中国真正意义上的海外贸易，是从唐代创立市舶司开始的，海外贸易这时才被纳入国家的财政收入中。

"闽在海中"，福建因其优越的地理条件，注定了在中国的海外交通与贸易史上有着重要的历史地位。

今天人们提起历史上的海上丝绸之路，是那样的惬意，富有诗情画意。殊不知历史上海上丝绸之路的形成，经历了漫长的岁月，经历了惊涛骇浪的恐惧。无情的大海吞噬了无数鲜活的生命，才填铺出这蜿蜒曲折的海上丝绸之路。当我们回顾古代中国海上丝绸之路发展的历程时，切不可忘记那些伟大的先行者们，他们是那些漂洋过海的僧侣、出海谋生的百姓、征战流落海外的将士、册封藩属国的使者、政治避难异国的朝臣、遭遇海难的幸存者、七下西洋的郑和船员……

"海舟以福建船为上"，这在宋代早有评说。正是福建拥有那个时代最高的航海与造船技术，泉州港的繁荣才达到了登峰造极的地步。指南针的应用，航海天文技术的发展，牵星过洋，顺风相送，代代相传的航海针路簿，一目了然的山形水势图，甚至在福建人的航海中也广泛应用了西方的先进技术，计时的沙漏、西洋的望远镜都出现在航海的过程中。福建人的航海理念也在飞速地提升，“海者，闽人之田也”集中反映了福建人航海将经济利益放在第一位的理念。正是在经济这一杠杆的作用下，福建人才创造了舟行天下、货通中外的大航海时代。

从现存的史料来看，东到日本、朝鲜半岛，南至东南亚、南亚诸国以及非洲大陆，都有福建海商的足迹。海外诸国的商人也都把福建各港作为贸易的立足点。据史籍记载，与福建贸易的外国商船，分别来自亚洲、非洲、欧洲、美洲等地。由此可见，中国古代海上丝绸之路亦是世界各国人民共同建构的。

我们赞叹古代海上丝绸之路的完美，我们认真审视福建人的航海历史，我们由衷地敬佩福建先民对中国航海的卓越贡献。他们不平凡的航海活动为我们留下了诸多的宝贵财富，如深海大洋中的沉船、留存各处的贸易品、沉寂多年的港湾、依稀可辨的航标、长长的航海画卷、泛黄的海道针经、坐落各地的妈祖神庙……“图说福建与海上丝绸之路”丛书的编纂，就是将这些散落的历史碎片，一一拼接起来，使我们从中看到福建古代海上丝绸之路的历史印记。

古代海上丝绸之路发展的历史已非常清楚地告诉我们，这条海上丝绸之路也是沿线各个国家和地区的人民与中国人民一道建造的。如今，我国提出共建 21 世纪海上丝绸之路的倡议，顺应了世界多极化、经济全球化、社会信息化的潮流，有利于促进经济要素有序地自由流动，符合中国和国际社会的根本利益，彰显了人类社会的共同理想和美好追求，将为世界发展增添正能量。

重温福建与海上丝绸之路的历史，让我们明白，在建设 21 世纪海上丝绸之路的过程中，我国应该在提升综合国力、发展对各国有吸引力的价值观体系、塑造真正的软实力、树立中国的国际形象和威信方面下功夫，逐步形成在全球范围的强大影响力。

我们应该从福建海上丝绸之路的历史中汲取健康的养分，探寻成功的奥秘，把握绝妙的时机，满怀信心地走进新时代，开创胜利的未来。

目　录 / CONTENTS

引　言　// 1

第一章　海上丝绸之路中的福建与东南亚　// 3

第 节　福建与东南亚的早期交往　// 4

第二节　宋元时期福建与东南亚的交往　// 20

第三节　明清时期福建与东南亚的往来　// 35

第二章　历史上福建与东南亚贸易往来的主要港口和商品　// 67

第一节　历史上福建与东南亚贸易的主要港口　// 68

第二节　历史上福建与东南亚贸易往来的主要商品　// 107

第三章　郑和下西洋与福建及东南亚　// 159

第一节　郑和下西洋与福建　// 160

第二节　郑和下西洋在东南亚的遗迹　// 176

第四章　东南亚地区早期的福建籍华人社会组织及民间宗教信仰　// 189

第一节　东南亚地区早期的福建籍华人社会组织　// 190

第二节　东南亚地区福建籍华人移民的民间宗教信仰　// 217

结束语　// 253

参考文献　// 254

引　言

东南亚地处亚洲东南部，面积约 457 万平方千米，共有泰国、菲律宾、缅甸、老挝、越南、柬埔寨、马来西亚、新加坡、印度尼西亚、文莱、东帝汶等 11 个国家。

福建与东南亚地区之间的交往由来已久，主要经由海路即海上丝绸之路进行。早在唐代以前，闽粤先民已有人经海路到达今菲律宾、印度尼西亚、缅甸等地。唐末王审知主政福建，大力推动福建海外贸易的发展，由此拉开了福建与东南亚大规模往来的序幕。

第一章
海上丝绸之路中的福建与东南亚

历史上福建与东南亚地区之间的往来最早可追溯到汉代。东冶港为今福州港前身，在两汉时期已经开始进行海外贸易，是中国至东南亚海上丝绸之路上最早的始发港口之一。此后 500 余年，东冶港一直是福建最大的对外交通贸易口岸。及至唐代，东冶改称福州，福州港跻身为当时中国三大外贸口岸之一。宋元时期是福建海外交通的繁盛时期，泉州港在这一时期一跃成为中国乃至世界的第一大商港。明代郑和七下西洋，数次驻泊福建，进一步密切了福建与东南亚地区的交往和联系。明末，随着漳州月港的兴起，福建与东南亚之间的民间贸易迅速发展起来，同时也拉开了波澜壮阔的“下南洋”移民活动的序幕。随着“下南洋”，福建人大量移民东南亚各地，将福建的传统工艺技术、宗教、文学、艺术等传播至南洋各地。

第一节　福建与东南亚的早期交往

根据历史文献记载，福建与东南亚地区的交往最早可追溯至汉代。东冶港的开辟，拉开了福建与东南亚地区往来的序幕。

秦代设立闽中郡

福建，简称"闽"。《禹贡》载，夏、商两代福建地区属扬州，西周时为七闽地，春秋以后为闽越地。秦始皇兼并六国，统一中原，南平百越，设立闽中郡。

唐景云二年（711），设立闽州都督府。开元十三年（725），闽州都督府改称福州都督府，为福州名称出现之始。开元二十一年（733），唐朝设立福建经略军使，始有福建之名称。

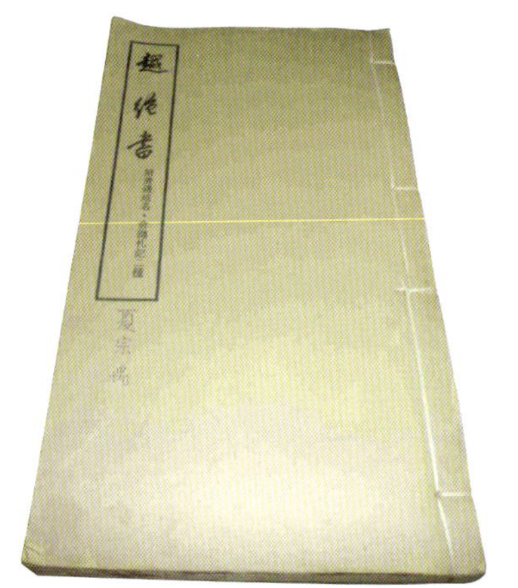

《越绝书》书影

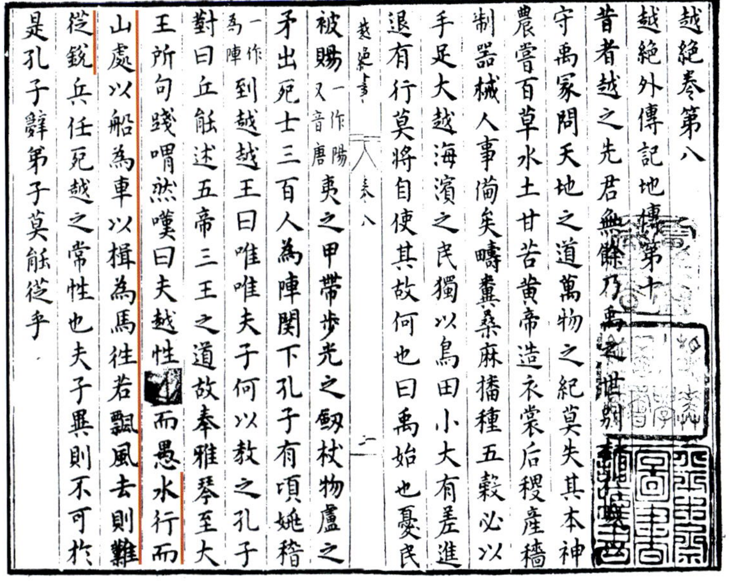

越絶卷第八
越絶外傳記地傳第十
昔者越之先君無餘乃禹之世別
守禹冢問天地之道萬物之紀莫失其本神
農嘗百草水土甘苦黄帝造衣裳后稷産穡
制器械人事備矣疇糞桑麻播種五穀必以
手足大越海濱之民獨以鳥田小大有差進
退有行莫將自使其故何也曰禹始也憂民
越絶書 卷八 二
被賜一作陽又音唐夷之甲帶步光之劒杖物盧之
矛出死士三百人為陣關下孔子有頃姚稽
一作為陣到越越王曰唯唯夫子何以教之孔子
對曰丘能述五帝三王之道故奉雅琴至大
王所句踐喟然嘆曰夫越性[illegible]而愚水行而
山處以船為車以楫為馬往若飄風去則難
從銳兵任死越之常性也夫子異則不可於
是孔子辭弟子莫能從乎

《越绝书》关于越人擅长水上活动的记载

《淮南子》书影

西汉时期，淮南王刘安在《淮南子·齐俗训》一书中已经有“胡人便于马，越人便于舟”的记载。东汉袁康和吴平所著《越绝书》亦载，越人“水行而山处，以船为车，以楫为马，往若飘风，去则难从”。地处百越之一的闽越人也是如此，“习于水斗便于用舟”。西汉建元三年（前 138），闽越国曾水陆并进大举进攻东瓯（今温州一带），迫使东瓯举国四万余人北迁江淮一带。此举在一定程度上说明当时闽越人的造船及航海能力较强。

两汉时期，地方政府利用福州得天独厚的水利条件和人民擅长航海的传统，开辟东冶港，作为对外交通及贸易的港口，东冶港成为中国古代海上丝绸之路上最早的始发港口之一。

唐代画家阎立本所作三国吴主孙权画像（摹本，现收藏于美国波士顿美术馆）

三国吴黄龙二年（230），孙权派遣将士万人，浮海求夷洲（今台湾）及亶洲。据《三国志·吴书·孙权传》记载：“亶洲在海中……其上人民，时有至会稽货布。会稽东县（指福州）人海行，亦有遭风流移至亶洲者。”这充分说明从东汉末年至三国时期，福建的海上交通又有了进一步的发展。三国吴永安三年（260），吴国在福建设立建安郡，下辖九县，并设典船校尉和温麻船屯。典船校尉，又称曲郍都尉、曲那都尉，负责率领刑徒造船。建安郡侯官（今福州）成为当时吴的造船和航运中心之一，从闽粤两地选派出来的船家水手经常驾海船北航辽东、南通南海。吴国对造船、航运的开拓，为以后福建海外交通与贸易的发展奠定了较为坚实的基础。

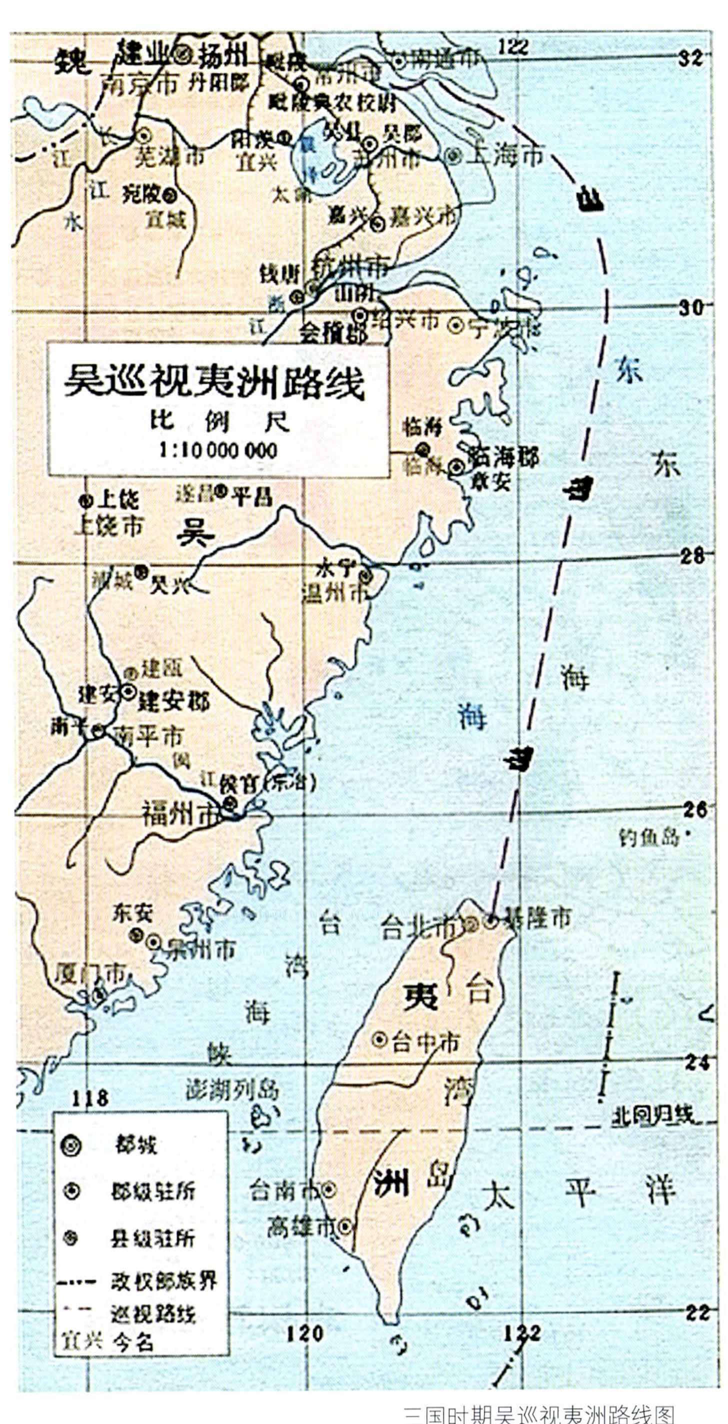

三国时期吴巡视夷洲路线图

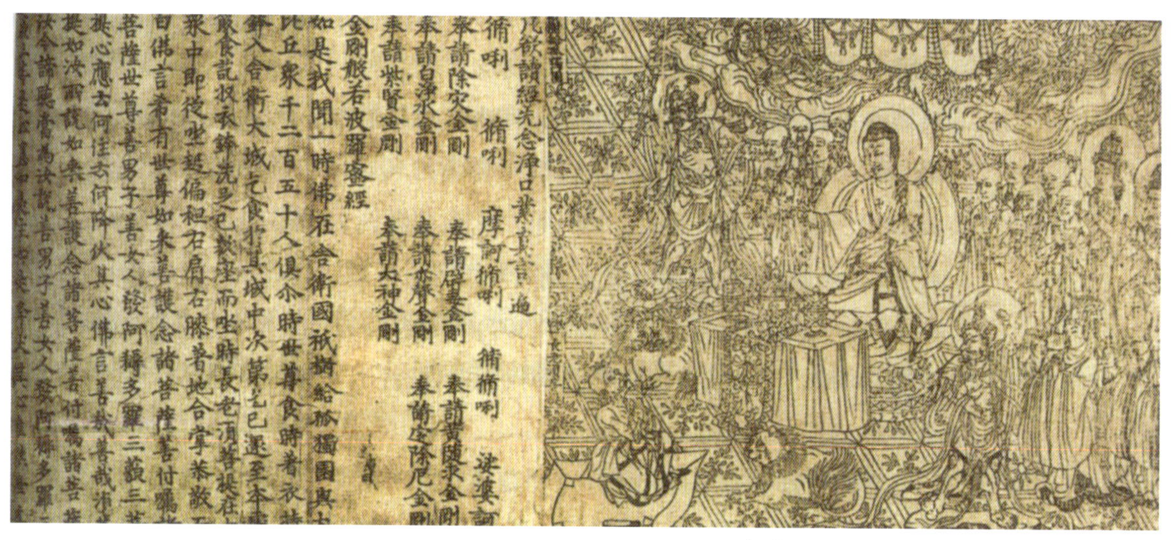

唐咸通九年（868）王玠造《金刚经》

泉州南安九日山拘那罗陀“翻经石”遗迹

南朝梁大同年间，天竺高僧拘那罗陀从扶南（今柬埔寨）应邀来泉州等地翻译佛经，成为目前史籍记载中最早从海外前来福建泉州弘法的外国僧人。拘那罗陀，汉名真谛，南朝时印度高僧，与玄奘、鸠摩罗什并称三大佛经翻译家。他在中国期间翻译佛经 49 部，共 142 卷，致力于弘扬印度瑜伽行派学说，对佛学中的唯识论、“三性”等阐精发微，多有创建。

延福寺

翻经石（一眺石）

据宋代晋江人曾会撰写的《重修延福寺碑铭》记载："古《金刚经》者，昔天竺三藏拘那罗陀，梁普通中泛大海来中国，途经兹寺，因取梵文，译证了义，传授至今，后学赖焉。"拘那罗陀逗留于梁安郡期间翻译《金刚经》的地点，就是今南安丰州九日山下的延福寺。延福寺始建于晋太康九年（288），是泉州最早的佛教寺院，在九日山西峰犹存有翻经石（又名一眺石）遗迹。

筆受。建武帝天和年。有摩勒國沙門達摩流支。周言法希。奉敕爲大冢宰晉陽公宇文護。譯婆羅門天文二十卷。又令摩伽陀國禪師闍那耶舍。周言藏稱。共弟子闍那崛多等。於長安故城四天王寺。譯定意天子問經六部。沙門圓明道辯。及城陽公蕭吉等筆受。

陳南海郡天竺沙門拘那羅陀傳第五

拘那羅陀。陳言親依。或云波羅末陀。譯云眞諦。並梵文之名字也。本西天竺優禪尼國人焉。景行澄明。器宇淸肅。風神爽拔。悠然自遠。羣藏廣部罔不措懷。藝術異能偏素諳練。雖遵融佛理。而以通道知名。遠涉艱關。無憚夷險。歷遊諸國。隨機利見。梁武皇帝。德加四域。盛昌三寶。大同中。敕直後張汜等。送扶南獻使返國。仍請名德三藏大乘諸論雜華經等。眞諦遠聞行化。儀軌聖賢。搜選名匠。惠益氓品。彼國乃屈眞諦。并賫經論。恭膺帝旨。既素蓄在心。

渙然聞命。以大同十二年八月十五日。達於南海。沿路所經。乃停兩載。以太淸二年閏八月。始届京邑。武皇面申頂禮。於寶雲殿竭誠供養。帝欲傳翻經教。不羨秦時。更出新文。有逾齊日。屬道銷梁季。寇羯憑陵。法爲時崩。不果宣述。乃步入東土。又往富春。令陸元哲。創奉問津。將事傳譯。招延英秀。沙門寶瓊等二十餘人。翻十七地論。適得五卷。而國難未靜。側附通傳。至大寶三年。爲侯景請還。在臺供養。於斯時也。兵饑相接。法幾頹焉。會元帝啓祚。承聖淸夷。乃止於金陵正觀寺。與願禪師等二十餘人。翻金光明經。三年二月。還返豫章。又往新吳始興。後隨蕭太保。度嶺至於南康。並隨方翻譯。棲遑靡託。逮陳武永定二年七月。還返豫章。又上臨川晉安諸郡。眞諦雖傳經論。道缺情離本意不申。更觀機壞。遂欲汎舶往棱伽修國。道俗虔請。結誓留之。不免物議。遂停南越。便與前梁舊齒。重覈所翻。其有文旨乖競者。皆鎔冶成範。始末輪通。至文帝天嘉四年。楊都建元寺沙門僧宗法准僧忍律師等。並建

業標領。欽聞新教。故使遠浮江表。親承芳問。諦欣其來意。乃爲翻攝大乘等
論。首尾兩載。覆疏宗旨。而飄寓投委。無心寧寄。又汎小舶至梁安郡。更裝大
舶欲返西國。學徒追逐相續留連。太守王方奢。述衆元情。重申邀請。諦又且
循人事。權止海隅。伺旅束裝。未思安堵。至三年九月。發自梁安汎舶西引。業
風賦命。飄還廣州。十二月中。上南海岸。刺史歐陽穆公頠。延住制旨寺。請翻
新文。諦顧此業緣。西還無指。乃對沙門慧愷等。翻廣義法門經及唯識論等。
後穆公薨沒。世子紇重爲檀越。開傳經論。時又許焉。而神思幽通。量非情測。
常居別所。四絕水洲。紇往造之。嶺峻濤涌。未敢陵犯。諦乃鋪舒坐具在水上。
跏坐其內。如乘舟焉。浮波達岸。既登接對。而坐具不濕。依常敷置。有時或以
荷葉蹋水。乘之而渡。如斯神異。其例甚衆。至光太二年六月諦厭世浮雜情弊
形骸。未若佩理資神早生勝壤。遂入南海北山。將捐身命。時智愷正講俱舍。聞
告馳往。道俗奔赴相繼山川。刺史又遣使人。伺衞防遏。躬自稽顙。致留三日。

高僧傳二集卷第一 一九

方紓本情。因爾迎還。止于王園寺。時宗愷諸僧。欲延還建業。會揚輦碩望。恐
奪時榮。乃奏曰。嶺表所譯衆部。多明無塵唯識。言乖治術。有蔽國風。不隸諸
華。可流荒服。帝然之。故南海新文有藏陳世。以太建元年遘疾。少時遺訣。嚴
正勖示因果。書傳累紙。其文付弟子智休。至正月十一日午時遷化。時年七十
有一。明日於潮亭焚身起塔。十三日僧宗法准等。各賫經論還返匡山。自諦來
東夏。雖廣出衆經。偏宗攝論。故討尋教旨。通覽所譯。則彼此相發綺繢鋪顯。
故隨處翻傳親流疏解。依止勝相。後疏並是僧宗所陳。躬對本師重爲釋旨。增
減或異。大義無虧。宗公別著行狀。廣行於世。且諦之梁。時逢喪亂。感竭運
終。道津靜濟。流離宏化。隨方卷行。至於部袠或分。譯人時別。今總歷二代共
通數之。故始梁武之末。至陳宣初位。凡二十三載。所出經論記傳。六十四部。
合二百七十八卷。微附華飾。盛顯隋唐。見曹毗別歷及唐貞觀內典錄。餘有未

高僧傳二集卷第一 二〇

《高僧传二集·拘那罗陀传》书影

唐代释道宣所著《续高僧传》（又称《高僧传二集》《唐高僧传》）中亦有关于拘那罗陀的相关记载。

南安丰州九日山下金鸡古渡（旧照）

南安丰州九日山下金鸡古渡遗址（今照）

今日泉州南安九日山与金鸡桥俯瞰图

《续高僧传》中提到，印度高僧拘那罗陀曾乘船前来梁安，并在此换船西返。据考证，拘那罗陀来往于泉州的梁安古港，就是位于今南安丰州九日山下金溪的金鸡古渡，是泉州最早的对外交通港口。

伊本·胡尔达兹比赫像

《道里邦国志》中译本书影

金溪为晋江干流的一段，南连金鸡山，北濒九日山。北宋宣和年间(1119—1125)，乡贤江松、江谨在金溪上造船相连。南宋嘉定年间(1208—1224)，泉州知州叶适恭请延福寺和石亭寺的僧侣募集善款，在九日山下搭建金鸡桥，长100多丈(约300米)，连接金溪两岸。后毁坏。现存金鸡桥为中华人民共和国成立后修建。

唐贞观至开元年间(627—741)，福建经济稳步发展。至晚唐，泉州海外交通贸易进一步发展，出现了“市井十洲人”的盛况。为管理对外贸易，唐代在泉州设置了“参军事”，“掌出使导赞”。到晚唐时期，泉州已成为中国与日本、东南亚、南亚、西亚等地的通商口岸之一。在阿拉伯地理学家伊本·胡尔达兹比赫于公元9世纪中叶撰著的《道里邦国志》中，称泉州为唐代四大海外贸易港口之一。

通远王祠。该祠原有的建筑已坍圮，现仅存面阔、进深各一间的殿堂一处，门前有石构雨廊一道，为现代建筑

通远王祠，位于九日山延福寺东侧，始建于唐咸通年间（860—874），初名灵乐祠，祀乐山隐士（山神）。宋代封乐山隐士为通远王，改祠为庙，赐名“昭惠庙”，庙中的从神陈益宋也被封为仁福王。自晚唐以至北宋泉州逐渐成为海外交通重要港口以来，“每岁之春冬，商贾市于南海暨诸番夷者，必祈谢于此”，通远王祠成为当时泉州地方官员为遣舶回舶举行祈风典礼之地。

从唐末至五代时期，闽王王审知治理福建近三十年（897—925），对于福建的经济建设和文化发展，颇有功绩。镌立于福州闽王祠内的《恩赐琅琊郡王德政碑》（又称《闽王德政碑》），被称为“天下四大唐碑”之一。该碑为唐天佑三年（906）唐哀帝李柷敕建，碑额篆书“恩赐琅琊郡王德政碑”，碑文楷书，记载了王审知的家世及其治理福建的政治、军事、经济、文化等政绩。碑文中多处提到了王审知开辟甘棠港，大力倡导海外贸易，以及福州与东南亚、阿拉伯等地区进行海外贸易的内容，是研究唐末五代海上丝绸之路的重要资料。

王审知画像

《恩赐琅琊郡王德政碑》碑额

位于福州闽王祠内的《恩赐琅琊郡王德政碑》

福州闽王祠

闽王墓志铭

福州闽王祠内的王审知塑像

晋江金井镇溜江村留从效庙

泉州文庙所立留从效塑像

泉州文庙所立王延彬塑像

晋江溜石山南岳宫，又称南海庙，始建于五代时期，清乾隆十年（1745）重建，祀南海神北宋平海军节度使陈洪进

仙游枫亭侯览村陈郡王祠，亦称德星祠、德星堂，始建于宋代，原是陈洪进故居

五代时期，相继主政泉州的王延彬、留从效、陈洪进等人非常重视“招徕海中蛮夷商贾”，用泉州的铜铁、陶瓷土产，交换海外的金贝、珠宝、香料等货物，使得泉州海外交通贸易继续发展，为宋元时期泉州的进一步繁盛奠定了坚实的基础。

晋江溜石山南岳宫陈洪进神像

第二节　宋元时期福建与东南亚的交往

宋元时期是福建海外交通的繁盛时期，与海外诸国尤其是与东南亚地区的往来更为密切，其中泉州港在这一时期一跃成为中国乃至世界的第一大商港，由此更加彰显出福建在海上丝绸之路发展历程中所具有的重要历史地位与作用。

泉州湾后渚港宋代沉船发掘现场（一）

两宋时期，泉州的造船业和航海业在全国名列前茅，为海外交通的发展提供了有力的支撑。1974 年在泉州湾后渚港出土的宋代沉船，不仅说明了当时泉州港海外交通与海外贸易的繁荣，而且也印证了宋代泉州造船业和航海业的发达。

泉州湾后渚港宋代沉船发掘现场（二）

根据考古发掘，该沉船残长 24.20 米，残宽 9.15 米。船身扁阔，底尖，有 13 个水密隔舱，主龙骨两端接合处均有“保寿孔”。研究表明，这是一艘宋代泉州造的中型远洋货船，长度为 34 米，宽 11 米，型深 4 米，排水量近 400 吨，载重量 200 余吨。

陈列于泉州湾古船陈列馆的宋代沉船

在宋代沉船的出土器物中包括了槟榔、乳香、龙涎香、玳瑁、胡椒、香料木等东南亚的物产，可以更加明确这是一艘往来于泉州港与东南亚地区的远洋贸易商船。北宋时期泉州人谢履创作的《泉南歌》中就有“州南有海浩无穷，每岁造舟通异域”的诗句，这无疑是宋代泉州港海外贸易兴盛既真实而又生动的写照。

泉州湾后渚港宋代沉船发掘出来的物品

泉州湾宋代古船复原模型

宋代泉州的基础设施建设也走在全国的前列，尤以造桥铺路而闻名，其中最著名的当属泉州洛阳桥。洛阳桥原名万安桥，位于今泉州洛江区桥南村与惠安县洛阳镇洛阳街交界的洛阳江入海口，这里原为古泉州湾洛阳港。北宋时泉州知州蔡襄主持了该桥的建造，工程前后历时七年。泉州洛阳桥是中国现存最早的跨海梁式大石桥，也是世界桥梁建造史上筏形基础（桥墩）的开端。这座跨江越海大桥的建成，连接了闽东南地区的水陆通道，南来北往的人员货物从此畅通无阻，它不仅促进了当时泉州乃至闽东南地区经济的发展，而且也是宋元时期“东方第一大港”——泉州在海上丝绸之路中光辉历史的见证。

泉州洛阳桥的筏形基础（桥墩）

泉州洛阳桥

泉州市舶司遗址

北宋元祐二年（1087），宋朝在泉州正式设立市舶司。到了南宋时期，宋朝定都临安（今杭州），偏安江南，在经济上更加鼓励和依赖海外贸易。泉州港地近京城，政治经济地位显著提高，海外贸易也得到了迅速发展，开始与广州港并驾齐驱。到了南宋末年，泉州已超过广州成为中国最大的海外贸易港口和对外贸易中心，并且将这一地位一直保持到元代。

宋元时期是福建海外交通与对外贸易继往开来的一个重要的时期，有两部当时的史籍为我们了解宋元时期泉州乃至福建海外交通与贸易的发展状况提供了丰富而又十分有价值的史料，一部是南宋赵汝适撰著的《诸蕃志》，一部是元代汪大渊撰著的《岛夷志略》。根据这两部史籍的记载，宋元时期福建海外贸易的发展呈现三个显著的特点：第一，宋元时期福建泉州海外贸易的地域范围相当广泛；第二，东南亚地区在宋元时期福建泉州海外贸易中拥有重要的地位；第三，宋元时期福建泉州海商还专门开辟了从泉州港到菲律宾群岛以及婆罗洲地区的东南贸易航线。

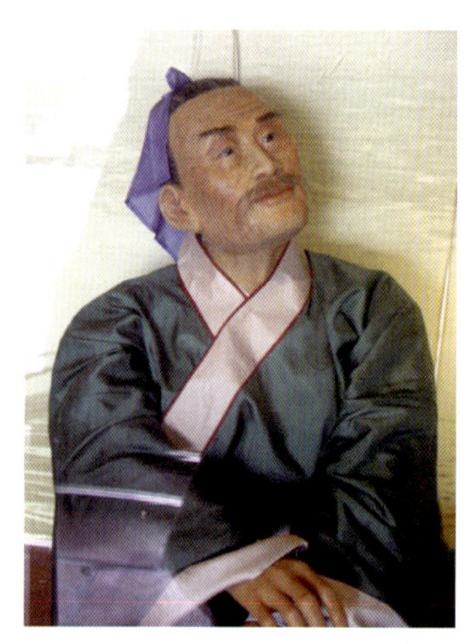
赵汝适塑像

《诸蕃志》作者赵汝适（1170—1228）为宋太宗八世孙，嘉定十六年（1223）任福建南剑州知州，嘉定十七年（1224）任福建路市舶司提举，宝庆元年（1225）任福建泉州市舶司提举。赵汝适在出任福建泉州市舶司提举期间，“暇日阅诸蕃图”，并“询诸贾胡，俾列其国名，道其风土与夫道里之联属，山泽之蓄产，译以华言”，撰成《诸蕃志》一书。该书实际上是一部有关南宋时期泉州港的海外贸易指南，全书分上、下两卷：卷上“志国”，卷下“志物”。卷上“志国”记载了当时与福建泉州有贸易往来的58个国家和地区，东自日本，西抵地中海诸国，贸易范围非常广泛。

諸蕃志卷上

宋　趙汝适　撰　綿州　李調元雨村　校

志國

交趾國

交趾古交州東南薄海接占城西通白衣蠻北抵欽州歷代置守不絕賦入至薄守禦甚勞皇朝重武愛人不欲宿兵瘴癘之區以守無用之土因其獻款從而羈縻之王係唐姓服色飲食畧與中國同但男女皆跣足差異耳每歲正月四日椎牛饗其屬以七月十五日爲大節家相問遺官寮以生日獻其酋十六

諸蕃志　卷一　一

日開宴酬之歲時供佛不祭先病不服藥夜不燃燈樂以蚺蛇皮爲前列案此句未詳疑有誤字不能造紙筆求之省地案省地二字句未詳土產沉香蓬萊香生金銀鐵朱砂珠貝犀象翠羽車渠鹽漆木綿吉貝之屬歲有進貢其國不通商以此首題言自近者始也舟行約十餘程抵占城國

占城國

占城東海路通廣州西接雲南南至真臘北抵交趾通邕州自泉州至本國順風舟行二十餘程其地東西七百里南北三千里國都號新州有縣鎮之名數

《诸蕃志·卷上·志国》书影

汪大渊画像

島夷誌略序
九海環大瀛海而中國曰赤縣神州其外爲州者復九有
裨海環之人民禽獸莫能相通如一區中者乃爲一州此
騶氏之言也人多疑其荒唐誕誇況當時外徼未通於中
國將何以徵驗其言哉漢唐而後於諸島夷力所可到利
所可到班班史傳固有其名矣然攷於見聞多襲舊書未
有身遊目識而能詳記其實者猶未盡徵之也西江汪君
煥章當冠年嘗兩附舶東西洋所過輒采錄其山川風土
物產之詭異居室飲食衣服之好尚與夫貿易賚用之所
宜非親見不書則庶乎其可徵也與予言海中自多鉅魚
若蛟龍鯨鯢之屬羣見遊戲鼓濤距風莫可名敎（文田案敎當作）
數舟人燔雞毛以觸之則遠遊而沒一島嶼間或廣袤數
千里島人浩穰其君長所居多明珠麗玉犀角象牙香木

島夷誌略序　一　知服齋叢書

《岛夷志略·序》书影

《岛夷志略》作者汪大渊，字焕章，江西南昌人，为元代著名的航海旅行家。从元文宗至顺元年（1330）至元顺帝至元五年（1339）的十年间，汪大渊两度从福建泉州搭乘商船游历海外诸国。据张翥在《岛夷志略》所作的序中所言，汪大渊“尝两附舶东、西洋，所过辄采录其山川、风土、物产之诡异，居室、饮食、衣服之好尚，与夫贸易赍用之所宜。非亲见不书，则庶乎其可征也”。《岛夷志略》全书不分卷，共分 100 条，前 99 条记载和涉及的地点总计 220 个，范围涵盖了东亚、东南亚、南亚、西亚，甚至远达东非和北非地区，均系作者亲睹，其说可靠。根据汪大渊亲身经历的记载，元代福建泉州港海外交通与贸易的范围极为广泛，与之有通商贸易往来的国家和地区多达百个。

蒲甘國

蒲甘國官民皆撮髻於額以色帛繫之但地主別以金冠其國多馬不鞍而騎其俗奉佛尤謹僧皆衣黃地主早朝官僚各持花來獻僧作梵語祝壽以花戴王首餘花歸寺供佛國有諸葛武侯廟皇朝景德元年遣使同三佛齊大食國來貢獲預上元觀燈崇寧五年又入貢

三佛齊國

三佛齊間於真臘闍婆之間管州十有五在泉之正南冬月順風月餘方至凌牙門經商三分之一始入其國國人多姓蒲累甓為城周數十里國王出入乘船身纏縵布蓋以絹傘衛以金鏢其人民散居城外或作牌水居鋪板覆茅不輸租賦習水陸戰有所征伐隨時調發立酋長率領皆自備兵器糗糧臨敵敢死伯於諸國無緡錢止鑿白金貿易四時之氣多熱少寒豢畜頗類中國有花酒椰子酒檳榔蜜酒皆非麴蘖所醞飲之亦醉國中文字用番書以其王指環為印亦有中國文字上章表則用焉國法嚴犯姦男女悉寘極刑國王死國人削髮成服其侍人各願徇死積薪烈焰躍入其中名曰同生死有佛名金銀山

佛像以金鑄每國王立先鑄金形以代其軀用金為器皿供奉甚嚴其金像器皿各鐫誌示後人勿毀國人如有病劇以銀如其身之重施國之窮乏者亦可緩死俗號其王為龍精不敢穀食惟以沙糊食之否則歲旱而穀貴浴以薔薇露用水則有巨浸之患有百寶金冠重甚每大朝會惟王能冠之他人莫勝也傳禪則集諸子以冠授之能勝之者則嗣舊傳其國地面忽裂成穴出牛數萬成羣奔突入山人競取食之後以竹木窒其穴遂絕土地所產瑇瑁腦子沉速暫香粗熟香降真香丁香檀香荳蔻外有真珠乳香薔薇水梔子花腽肭臍沒藥蘆薈阿魏木香蘇合油象牙珊瑚樹貓兒睛琥珀番布番劍等皆大食諸番所產萃於本國番商興販用金銀甆器錦綾纈絹糖鐵酒米乾良薑大黃樟腦等物博易其國在海中扼諸番舟車往來之咽喉古用鐵索為限以備他盜操縱有機若商舶至則縱之比年寧謐撤而不用堆積水次土人敬之如佛舶至則祠焉沃以油則光焰如新鱷魚不敢踰為患若商舶過不入即出船合戰期以必死故國之舟輻湊焉蓬豐登牙儂凌牙斯加吉蘭丹佛羅安日羅亭潛邁拔沓單馬令加羅希巴林

《诸蕃志》中对三佛齐国的记载

在宋元时期福建泉州的海外交往中，东南亚地区具有相当的分量与地位，其中尤以苏门答腊岛的三佛齐国最为重要。南宋地理学家周去飞所著《岭外代答》中有载：“三佛齐国在南海之中，诸蕃水道之要冲也。东自阇婆诸国，西至大食故临诸国，无不由其境而入中国者。”在赵汝适的《诸蕃志》中，对三佛齐国在当时海外诸国贸易中的地位和作用有更为明确的记载。由这些记载可知，三佛齐国是海外诸国商品货物最重要的聚集地和转运中心之一，也是当时福建泉州与东南亚地区贸易往来中最主要的国家之一。

福建莆田元妙观三清殿东厢庭院碑园内有一块《祥应庙记》碑，建造于南宋绍兴八年（1138），碑文由宋朝左朝请大夫、主管台州崇道观方略撰，碑刻由左朝散大夫、行尚书驾部员外郎方昭书并题额。

《祥应庙记》碑文中有这样的记载：“往时游商海贾，冒风涛，历险阻，以谋利于他郡外番者，未尝至祠下，往往不幸，有覆舟于风波、遇盗于蒲苇者……又泉州纲首朱舫，舟往三佛齐国，亦请神之香火而虔奉之。舟行神速，无有艰阻，往返曾不期年，获利百倍。前后有贾于外番者，未尝有是，咸皆归德于神，自是商人远行，莫不来祷。”碑文中有关泉州纲首（巨商大贾）朱舫前往三佛齐国贸易、往返获利百倍的记载，充分印证了宋代福建泉州与三佛齐国之间贸易往来之频繁，以及三佛齐国在当时泉州乃至福建海外贸易中的重要性。

《祥应庙记》碑，现藏于莆田元妙观

《祥应庙记》碑文

拙齋文集 卷十五 十 宋集珍本叢刊

且百尺以天時地氣人事三者而推尋之舉非其孫之
所能及則此物胡為乎來哉是其為理甚窈而其為瑞
甚明觀其瑞之所出實在長老聞師說座之旁而衆目
之創見又當其說法已竟之頃其日則祖師應機度世
之辰三事和合如此意者聞師實祖師再來斯山以符
斯瑞与觀者嘉瑞則卵塔開縫杉枝拂地之讖斯未也
已

泉州東坂葬蕃商記

負南海征蕃舶之州三泉其一也泉之征舶通互市於
海外者其國以十數三佛齊其一也三佛齊之海賈以
富豪宅生於泉者其人以十數試那圍其一也試那圍
之在泉輕財急義有以庇賑其畸者其事以十數族蕃
商墓其一也蕃商之墓建發於其畸之蒲霞辛而試那
圍之力能以成就封殖之其地占泉之城東東坂既翦
薙其草萊夷鏟其瓦礫則廣為之窀穸之坎且覆棟宇
周以垣墻嚴以扃鐍俾凡絕海之蕃商有死於吾地者
舉於是葬焉經始於紹興之壬午而卒成於隆興之癸
未試那圍於是舉也能使其椎髻卉服之伍生無所憂

拙齋文集 卷十五 十一 宋集珍本叢刊

死者無所恨矣持斯術以往是將大有益乎互市而無
一愧乎遠懷者也余固喜其能然還為之記以信其傳
於海外之島夷云

《拙斋文集》卷十五《泉州东坂葬番商记》书影

宋代有众多居住在泉州的大食（阿拉伯）商人，其中有相当一部分是经三佛齐国而来的。南宋时期曾任泉州市舶司提举的林之奇，在其撰著的《拙斋文集》中有一篇《泉州东坂葬番商记》，记载了祖籍伊朗、出生于泉州的三佛齐富商试那围于绍兴壬午（1162）至隆兴癸未（1163）年间出资在泉州城东修筑海外商人墓地的善举。从这篇文献记载中可知，宋代客居泉州的所谓大食（阿拉伯）商人，实际上大多来自于三佛齐国，东南亚地区在宋代福建泉州乃至中国海外贸易中的重要地位由此可见一斑。

尤其值得一提的是，宋代福建海商已经开辟了从泉州港往来于菲律宾群岛乃至婆罗洲渤泥国（今文莱）的东南贸易航线，这条贸易航路是福建海商开辟和专用的一条贸易航线，《诸蕃志》卷上“渤泥国”有记载。据此可知在宋代从福建泉州前往渤泥的航线至

紅皮鞋教度與大食國一同王每出入乘馬以大食
佛經用一函乘在駱駝背前行管下五百餘州各有
城市有兵百萬出入皆乘馬人民食餅肉有麥無米
牛羊駱駝菓實之屬甚多海水深二十丈產珊瑚樹

渤泥國

渤泥在泉之東南去闍婆四十五日程去三佛齊四
十日程去占城與麻逸各三十日程皆以順風為則
其國以板為城城中居民萬餘人所統十四州王居
覆以貝多葉民舍覆以草王之服色略倣中國若裸
體跣足則臂佩金圈手帶金鍊以布纏身坐繩床出

《诸蕃志》关于渤泥国的记载

麻逸國在渤泥之北團聚千餘家夾溪而居土人披
布如被或腰布蔽體有銅佛像散布草野不知所自
盜少至其境商舶入港駐於官場前官場者其國闤
闠之所也登舟與之雜處酋長日用白傘故商人必
賚以為贐交易之例蠻賈叢至隨篋簍搬取物貨而
去初若不可曉徐辨認搬貨之人亦無遺失蠻賈迺
以其貨轉入他島嶼貿易率至八九月始歸以其所
得準償舶商亦有過期不歸者故販麻逸舶回最晚
三嶼白蒲延蒲里嚕里銀東流新里漢等皆其屬也
土產黃蠟吉貝真珠瑇瑁藥檳榔于達布商人用甆

《诸蕃志》关于麻逸国的记载

少有二，其一为东南航线：泉州—澎湖—麻逸（今菲律宾民多洛岛）—渤泥，其二为西南航线：泉州—西沙—占城（今越南中部）。

《诸蕃志》卷上“麻逸国”条对中国商船的贸易情况有详细的记载：“麻逸国在渤泥之北，团聚千余家，夹溪而居。”中国“商舶入港，驻于官场前。……交易之例，蛮贾丛至，随簸篱搬取物货而去。……蛮贾乃以其货转入他岛屿贸易。率至八九月始归，以其所得，准偿舶商。亦有过期不归者。故贩麻逸舶回最晚”。在汪大渊《岛夷志略》“三岛”条则有载：三岛（今菲律宾马尼拉湾之北）“男子尝至泉州经纪，罄其资囊，以文其身。既归其国，则国人以尊长之礼待之，延之上坐，虽父老亦不得与之争焉。习俗以其至唐，故贵之也”。宋元时期福建海商开辟的东南贸易航线，不仅有助于开启和增进中国与菲律宾及婆罗洲地区之间的贸易往来，同时也进一步拓展了中国与东南亚地区相互往来的范围和领域。

南宋泉州判院蒲公墓碑

南宋泉州判院蒲公墓碑拓片

1972 年在文莱首都斯里巴加湾市爱丁堡桥附近的穆斯林公墓里发现了一块宋代墓碑，墓碑上刻“有宋泉州判院蒲公之墓，景定甲子男应、甲立”。这块墓碑不仅是现存年代最早的海外中国移民的墓碑，证明宋代福建人已侨居海外，同时也是宋代福建泉州与婆罗洲的渤泥之间友好往来的见证。

根据清代蔡永蒹撰著的《西山杂志》记载，在南宋“绍定间有进士蒲宗闵，司温陵（泉州）道通判，后升都察院（即判院）。端平丙申中，奉使安南；嘉熙二年奉使占城；淳祐七年再奉使渤泥，后卒于官也。其子有三：长子应，次子甲，三子烈。蒲应入渤泥，蒲甲司占城西洋之转运使，大食、波斯、狮子之邦，蛮人嘉谐”。据考证，在文莱发现的宋代古墓的墓主“蒲公”即蒲宗闵，其长子蒲应在南宋景定五年（1264）曾往渤泥国，为其父蒲宗闵营葬立碑。

马可·波罗画像

15世纪欧洲出版的《马可·波罗行纪》中刺桐港插画

中世纪著名的旅行家意大利人马可·波罗曾于1291年到达泉州。在《马可·波罗行纪》中，马可·波罗对当时泉州港（刺桐港）的繁华景象进行了描述，对于当时泉州港与东南亚地区的贸易往来的盛况，也有记载：“从刺桐出发向西，西南航行一千五百里，抵达一地，名曰占婆国。……离开占婆再向南航行一千五百里，抵一大岛名称爪哇……刺桐及蛮子之商人在此大获其利。”

伊本·白图泰塑像，位于泉州海外交通史博物馆伊斯兰馆门口

《伊本·白图泰游记》中译本书影

到 14 世纪中叶，另一位著名的旅行家摩洛哥人伊本·白图泰也曾来过中国，并访问了福建泉州等地。在他那本著名的《伊本·白图泰游记》中，他将元末的泉州（刺桐）描述为一个“巨大城市，此地织造的锦缎和绸缎，也以刺桐命名。该城的港口是世界大港之一，甚至是最大的港口。我看到港内有大船百艘，小船多得无数”。在马可·波罗和伊本·白图泰这两位著名的中世纪旅行家的笔下，元代的福建泉州均被赞誉为当时东方乃至世界第一大港。

第三节　明清时期福建与东南亚的往来

到了明清时期，明清两代中央政府出于巩固封建统治、维护封建政治经济秩序的目的，均在不同程度上实施和强化了闭关锁国的“海禁”政策，福建海外贸易及对外交往活动由此步入了艰难发展的时期。尽管如此，明清时期福建与东南亚的往来依然在困境中继续展开并壮大。

一、福建与东南亚的贸易往来

明朝建立伊始就颁布了一系列严禁海商出洋贸易的禁令，同时为了强化和实施“海禁”政策，明朝政府还制定了各种法规，对违禁下海出洋贸易的民间海商采取严厉的限制和打击措施。如《大明律》有一款规定：“凡将马牛、军需、铁货、段匹、绸绢、丝绵，私出外境货卖，及下海者，杖一百；挑担驮载之人，减一等。物货船车并入官，于内以十分为率，三分付告人充赏。若将人口军器出境及下海者，绞。因而走泄事情者，斩。其拘该官及守把之人，通同夹带，或知而故纵者，与犯人同罪。”又《大明律·问刑条例》内有一条规定：“奸豪势要及军民人等，擅造二桅以上违式大船，将带违禁货物下海，前往番国买卖，潜通海贼，同谋结聚，及为响导劫掠良民者，正犯比照谋叛已行律，处斩，仍枭首示众，全家发边卫充军。……若止将大船雇与下海之人，分取番货，及虽不曾造有大船，但纠通下海之人买番货，与探听下海之人番货到来，私买、贩卖苏木胡椒至一千斤以上者，俱发边卫充军，番货并入官。”不仅如此，为了进一步限制民间海商的违禁出洋贸易活动，明朝在严行“海禁”的基础上，对沿海居民实行了严厉的保甲连坐制度。

盡少選猱雌雄交以此爲徵求嗣人回即有娠
不然無應也又水行八十里至埠頭曰漳沽登
岸西南陸行半日至滿者伯夷乃王都也無慮
二三百家總領七八人皆王佐也氣候常熱如
夏稻歲兩熟坐卧無榻椅飲食無匙匕啖檳榔
不離口寘飯于盤酥澆之餐則嗽去榔屑向盤
掬而食食既水飲待賓以檳榔人有三等西番
賈胡流落而居久者服食皆雅潔一等也唐人
瀛涯勝覽　六
如廣東漳泉人流寓者食用鮮華率尚回回教
持齋受戒一等也顏色黝黑猱頭赤脚崇信鬼
道釋云鬼國即此土人也飲食粗惡啖蛇蟻虫
蚓稍燎以火而已與犬同寢食不以爲穢也傳
云昔有鬼子魔王青面紅膚赤髮與罔象交
而生子百餘以人爲糧忽雷震石裂乃出一人
衆異之推爲王遂領兵驅罔象鬼子而去由是
人得安焉俗尚武勇歲設竹槍會始于冬十月

《瀛涯胜览》“爪哇国”条关于寓居海外的福建人的记载

國一升八合也斗爲榛黎盞八升中國一斗四
升四合也月望番婦或二十餘或三十餘爲輩
成隊月下縛臂聯行但歌唱和遍歷宦戚豪門
必授貨以錢又有展畫指畫以諭衆聽環之坐
者有笑有哭殊能動人最重中國花磁器麝花
絹綺羅減座白芝麻菉豆蘇木金剛子白檀肉
荳蔻龜筒玳瑁鸚鵡有綠紅五綵者鸚哥皆能
言又有珍珠鷄倒掛鳥綵鳩孔雀珍珠雀綠鳩
瀛涯勝覽　八
之類白鹿白猿羝羊猪牛馬鷄鴨亦有之果有
芭蕉子椰子甘蔗粗大長可二三丈石榴蓮房
蜜柿郎扱若枇杷稍尖中有白肉
舊港國
古號三佛齊曰浡淋邦隸爪哇東距爪哇西距
滿剌加南距大山下西北瀕海船入淡港入彭
家裏舍易小舟入港達其國國人多廣東漳泉
人流寓此境土沃人稠地宜稼穑諺云一季種

《瀛涯胜览》关于福建人寓居旧港国的记载

在这种情况下，明初以来那些业已出洋贸易经商的福建沿海之民往往难以回国返乡，为了逃避明政府“海禁”政策的迫害，他们不得不远走海外诸国继续从事贸易活动。他们当时主要聚居在东南亚地区海上贸易的交通要冲，如爪哇的杜板、新村、苏鲁马益以及苏门答腊的旧港等地，明代马欢在《瀛涯胜览》一书“爪哇国”条和“旧港国”条均对此有记载。

此外，明代巩珍在《西洋番国志》一书“爪哇国”条中也有如下记述：“爪哇国古名阇婆国也。其国有四处，一曰杜板，一曰新村，一曰苏鲁马益，一曰满者伯夷。……杜板，番名赌班。此地约千余家，中国广东及漳州人多逃居于此，以二头目为主。……杜板向东行半日许至新村，番名革儿。此地原为枯滩，因中国人逃来，遂名新村，至今村主广东人也，约千余家。各处番舡皆聚此，出卖金宝石及一应诸番货，居人甚殷富。新村向南行日许，到苏鲁马益港口，水淡沙浅，大舡难进。用小舡行二十余里到苏鲁马益，番名苏儿把牙。亦有村主，管番人千余家门，亦有中国人。”

縛兩臂拘攤而去則以卜剌頭刀剌腰及脇即死國之風土冊
日不殺人甚可畏也中國銅錢通使杜板番名賭班此地約千
餘家中國廣東及漳州人多逃居于此以二頭目為主其海灘
上有小池甘淡可飲傳說元朝命將史弼高興伐闍婆經月阻
風不得登岸軍士渴欲死二將仰天祝曰奉命伐蠻天若與之
則泉生乃以鎗劄地泉隨湧起至今呼為聖水云其地鷄羊魚
菜賤杜板向東行半日許至新村番名革兒此地原為枯灘因
中國人逃來遂名新村至今村主廣東人也約千餘家各處番
舡皆聚此出賣金寶石及一應諸番貨居人甚殷富新村向南
行日許到蘇魯馬益港口水淡沙淺大舡難進用小舡行二十

知聖道齋鈔校書籍

餘里到蘇魯馬益番名蘇兒把牙亦有村主管番人千餘家門
亦有中國人其港口有一洲林木森森上有長尾猴萬數中有
黑色老雄猴為主有一老番婦人隨其側國人婦女無子者皆
備酒飯果餅往禱老猴喜則先食其物衆猴爭食其餘食盡隨
有公母二猴近前交應此婦回即有孕否則無也可怪哉於蘇
魯馬益小舡行八十里到埠頭名漳沽登岸向西南行半日到
滿者伯夷則王居處也其處有番人二三百家頭目七八人輔
王天氣長熱如夏田稻一年二熟米粒細白芝蔴菉豆皆有惟
無大小麥土産蘇木金剛子白檀香肉荳蔻蓽茇班猫鑌鐵龜
筒玳瑁鸚鵡大如母雞及紅綠鶯哥五色鸞哥鷯哥皆能效人

《西洋番国志》关于福建人寓居爪哇国的记载

海語卷一　　　　　　　　　　　　　　嶺南遺書
南海　黃衷　子和撰
風俗
暹羅
暹羅國在南海中自東莞之南亭門放洋南至烏豬獨豬
七洲星盤坤未針至外羅坤申針四十五程至占城舊港
經大佛靈山其上峯墪則交趾屬也又未針至崑崘山又
坤未針至玳瑁洲玳瑁（張海鵬刻本有額字）及於龜山酉針入暹羅
港水中長洲隱隆如壩船出入如中國車壩然亦國之一
控扼也少進為一關守以夷酋又少進為二關即國都也
其地沮洳無城郭王居據大嶼稍如中國殿宇之制覆以

海語卷一　一　粵雅堂校刊

錫板闢東壁為巨扉是為王門治內分十二塘壩酋長主
焉猶華之有衙門（張本作府）也其要害為龜山為陸昆主以阿
昆（四字據張本補）猛齋猶華言總兵甲兵屬焉有奶街為華人流
寓者之居土夷乃散處水棚板閣蔭以茭草無陶瓦也其
國右僧謂僧作佛佛乃作王其貴僧亦稱僧王國有號令
決焉凡國人謁王必合掌跪而捫王之足者三自捫其首
者三謂之頂禮敬之至也凡王子始長習梵字梵禮若術
數之類皆從貴僧是故貴僧之權侔於王也國無姓氏華
人流寓者始從本姓一再傳亦亡矣人皆髡首恥為盜竊
凡犯盜及私市者罪之其犴獄則穴地為重樓三級謂之
天牢輕罪置上級差重置中級殊死者（張本有乃字）置下級其

《海语》书影

当时在爪哇及苏门答腊等地聚居的中国海商有数千人之多，他们占据的地理位置十分重要，对当时明朝官方的朝贡贸易构成了极大的威胁，因此，明朝永乐初年郑和七下西洋的目的之一，就是去招谕这些逃往海外的中国海商为明朝政府效力。郑和七下西洋结束后，明朝“海禁”政策趋紧，但闽粤沿海居民“私造海舟，假朝廷干办为名，擅自下番”的活动依然屡禁不止，不少海商移居海外继续从事商贸活动。明代黄衷《海语》一书有载，在当时暹罗（今泰国）的首都阿瑜陀耶城（今泰国大城）“有奶街，为华人流寓者之居”。这些移居海外的华商在推动和参与东南亚地区对明朝的朝贡贸易方面具有特殊的地位和作用。

在海外诸国对明朝的朝贡贸易活动中，就有不少海外华商充当海外诸国的贡使、通事，从中分享和获取利益，也有许多海商冒充海外诸国贡使与明朝进行海外贸易，其中最为著名的是暹罗国贡使谢文彬。据明代严从简《殊域周咨录》记载，明成化十三年（1477），暹罗国派遣两位贡使前来明朝贡献方物，其中有一位名叫“美亚”的贡使，“本福建汀州士人谢文彬也。昔年因贩盐下海，为大风飘入暹罗，遂仕其国，官至岳坤。岳坤犹华言学士之类。至南京，其从子瓚相遇识之，为织殊色花样缎匹贸易番货。事觉下吏，始吐实焉”。

臣人等進到物貨俱免抽分給與價鈔給賞畢日許于會同館開市除書籍及玄黃紫皂大花西番蓮段并一應違禁之物不許收買其餘聽貿易二次使臣筵宴回至廣東布政司復宴　洪熙宣德間至如常期賜王及妃各減永樂十五年之半正統景泰間貢或不常賜復舊例　成化十三年主遣使群謝提素英必美亞二人來貢方物美亞本福建汀州士人謝文彬也昔年因販盐下海為……遂仕其國官至岳坤岳坤猶華言

學士之類至南京其從子瓚相遇識之為織殊色花樣段疋貿易蕃貨事覺下吏始吐實焉

按四夷使臣多非本國之人皆我華無耻之士易名竄身竊其祿位者葢因去中國路遠無從稽考

朝廷又憚失遠人之心故凡貢使至必厚待其人私貨來皆倍償其價不暇問其眞偽射利奸氓叛從外國益衆如日本之宋素卿暹羅之謝文彬佛郎機之火者亞三凡此不知其幾也遂使窺

《殊域周咨录》关于暹罗国贡使闽籍华人谢文彬的记载

海澄月港遗址（一）

海澄月港遗址（二）

由于民间海商频繁地参与和从事朝贡贸易活动，久而久之，明朝官方的朝贡贸易名存实亡。及至明中叶，民间海商更是以“纠番私市”和“联倭肆掠”的海寇商人活动的方式来对抗明朝的“海禁”政策，从而引发为时二十余年的嘉靖“倭患”。为了缓和由“海禁”政策所造成的海寇商人活动猖獗的局面，明朝政府不得不于隆庆元年（1567）在福建漳州海澄月港部分开放“海禁”，准许民间海商出海贸易。

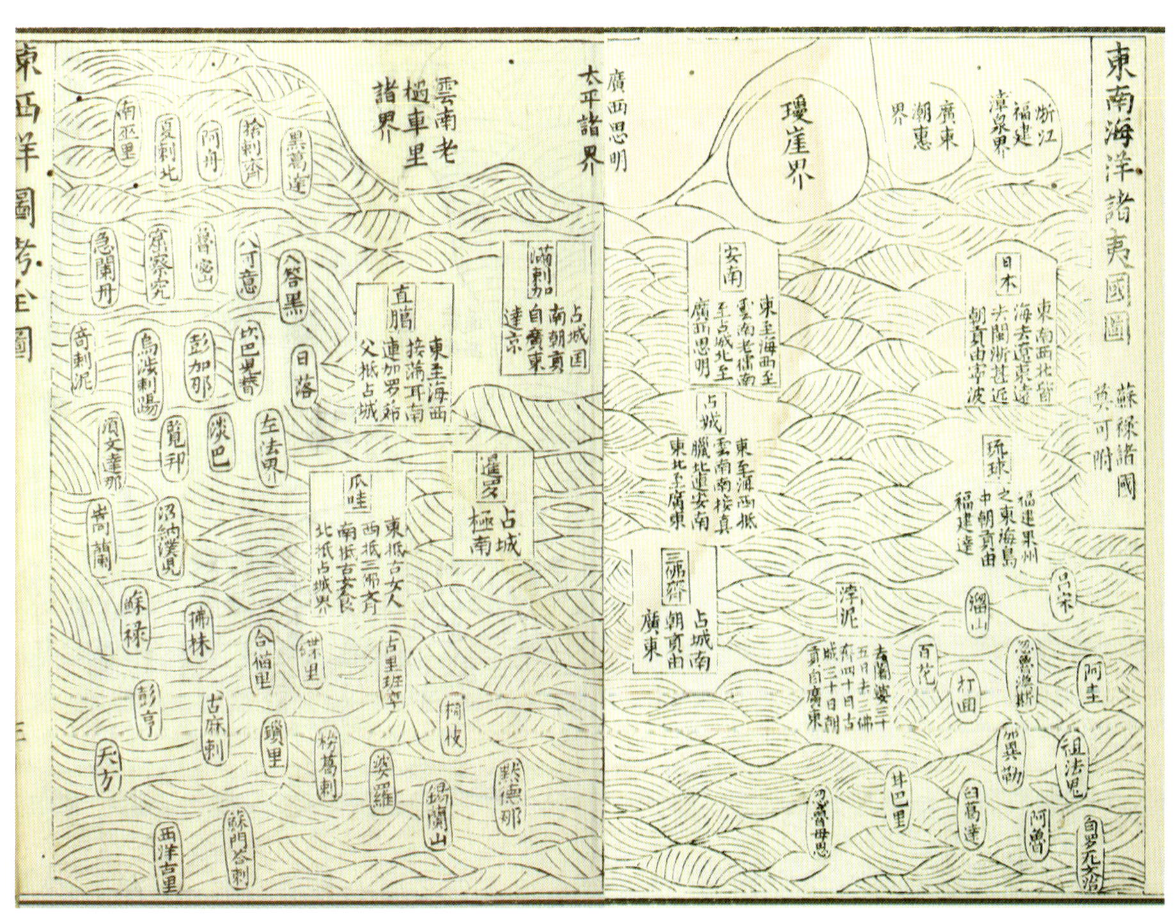

《东西洋考》中的“东南海洋诸夷国图”（局部）

漳州海澄月港部分开禁以后，福建民间海外贸易随即迅速发展起来。当时福建海商的海外贸易对象以东、西洋为主。

16—17 世纪出洋贸易的中国帆船画

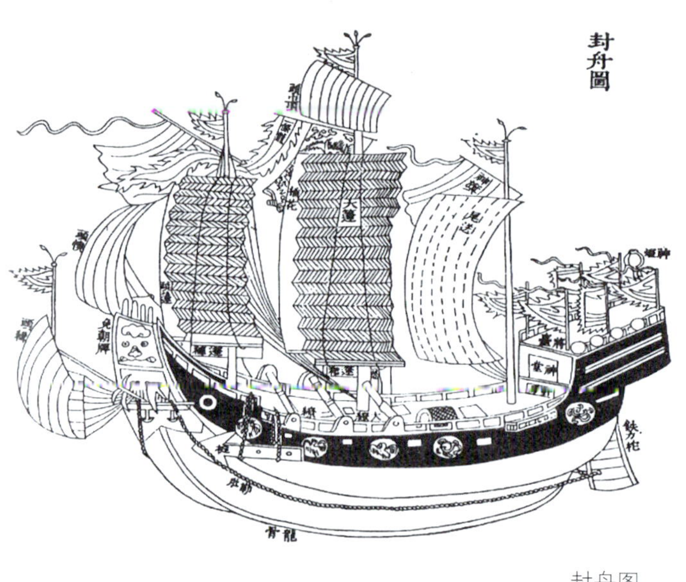

封舟图

根据明万历十七年（1589）的规定，从海澄月港出洋的民间商船，每年限 88 艘，东、西二洋各 44 艘。东洋吕宋（今菲律宾马尼拉）一国因水路较近，定为 16 艘，其余各国限船 2—3 艘。后来随着申请出洋贸易者增多，每年出洋的船数增至 110 艘，加上鸡笼（今基隆）、淡水、占城（今越南）及交趾等处共计 117 艘。到万历二十五年（1597）再增 20 艘，总数达到 137 艘。

到了明朝末年，由于民间海商走私贸易尤其是对日本走私贸易的兴盛，加之当时西方殖民者的陆续东来及其对中国海商海盗式的掠夺，使得明朝在海澄月港实施的饷税贸易制度难以继续维持，民间海外贸易活动又随之转化为大规模的海寇商人活动。明末郑芝龙的崛起及郑氏海商集团的形成与发展，就是一个最为典型的例子。

郑芝龙画像，现存台湾省立博物馆

郑芝龙是福建南安石井人，早年自福建到澳门经商，后来从澳门前往日本平户。明天启末年，郑芝龙从日本回闽，成为横行于东南沿海地区的海寇商人头目，从事亦寇亦商的走私贸易活动。崇祯初年，郑芝龙在厦门被明朝招抚为官，之后垄断了东南沿海地区的海外贸易。

郑芝龙故乡——福建南安石井

郑成功画像，收藏于台北故宫博物院，创作于17世纪，是现存最早的郑成功画像

郑氏海商集团拥有众多的商船，经常往来于东南亚及日本等地。以郑氏海商集团为代表的福建海商成为这一时期海外贸易活动的主体。

郑成功不仅继承了明末以来漳州海澄月港及其父郑芝龙时代所从事的东、西洋贸易，并且在郑芝龙业已开启的对日贸易基础上，以厦门和金门为基地，建立了一个连接中国东南沿海与日本及东南亚各地的庞大海外贸易网络。

郑成功海外贸易活动的航线通常有两条：一条是直接连接中国和日本，另一条航线则更为广泛，即中国——东南亚——日本，亦即所谓的“三角贸易”航线。

郑成功船队模型，现藏于厦门郑成功纪念馆

《东西洋航海图》，创作于 17 世纪初，详细绘出了当时福建与东南亚之间的航线及沿线主要港口，该图现藏于英国牛津大学博多利安图书馆

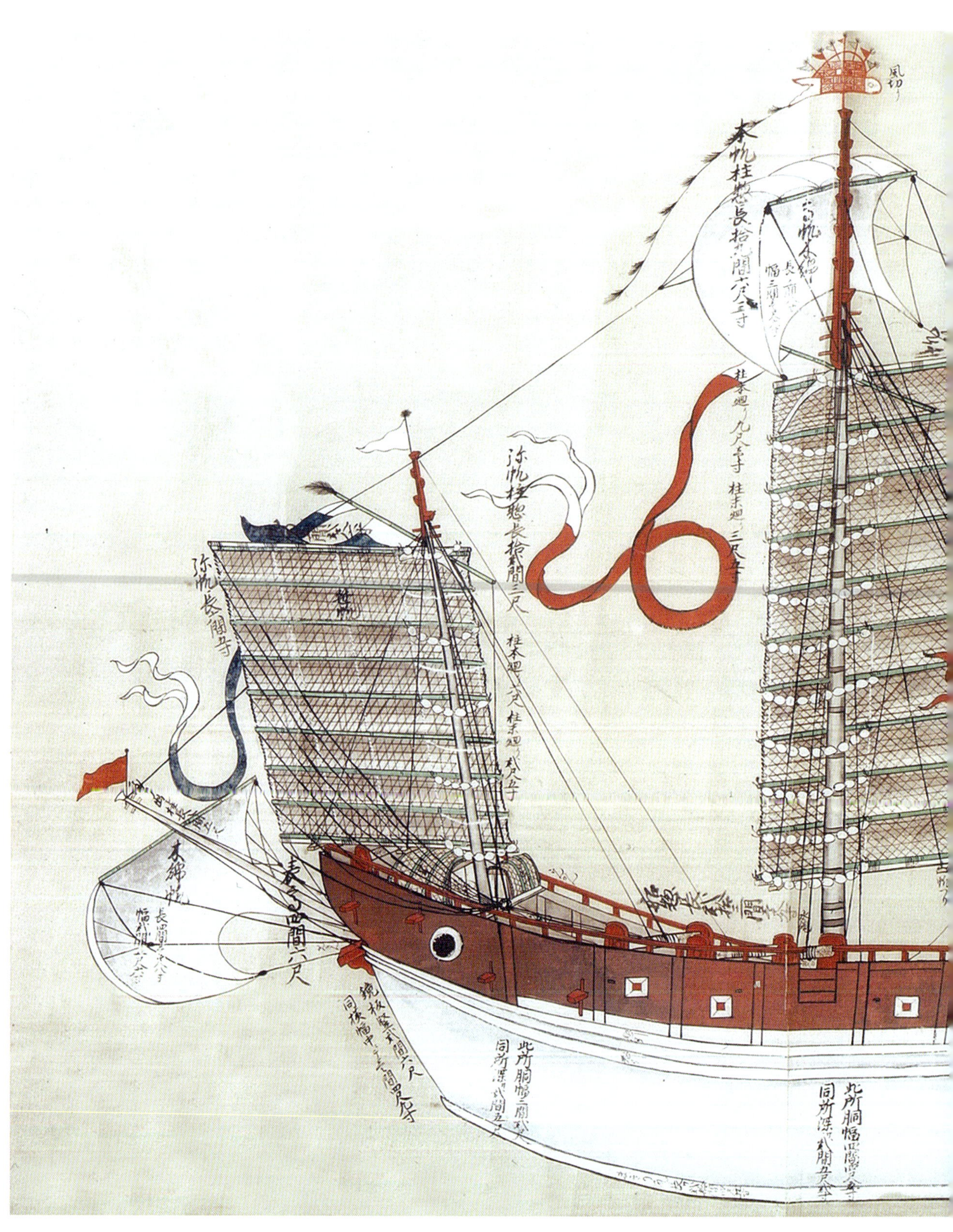

当时东南亚地区的主要港口都有郑氏商船的踪影，往来于东南亚各地与日本长崎之间的“暹罗船”“广南船”以及“咬嚼吧嫂船”等船只，大多为郑成功名下的商船。

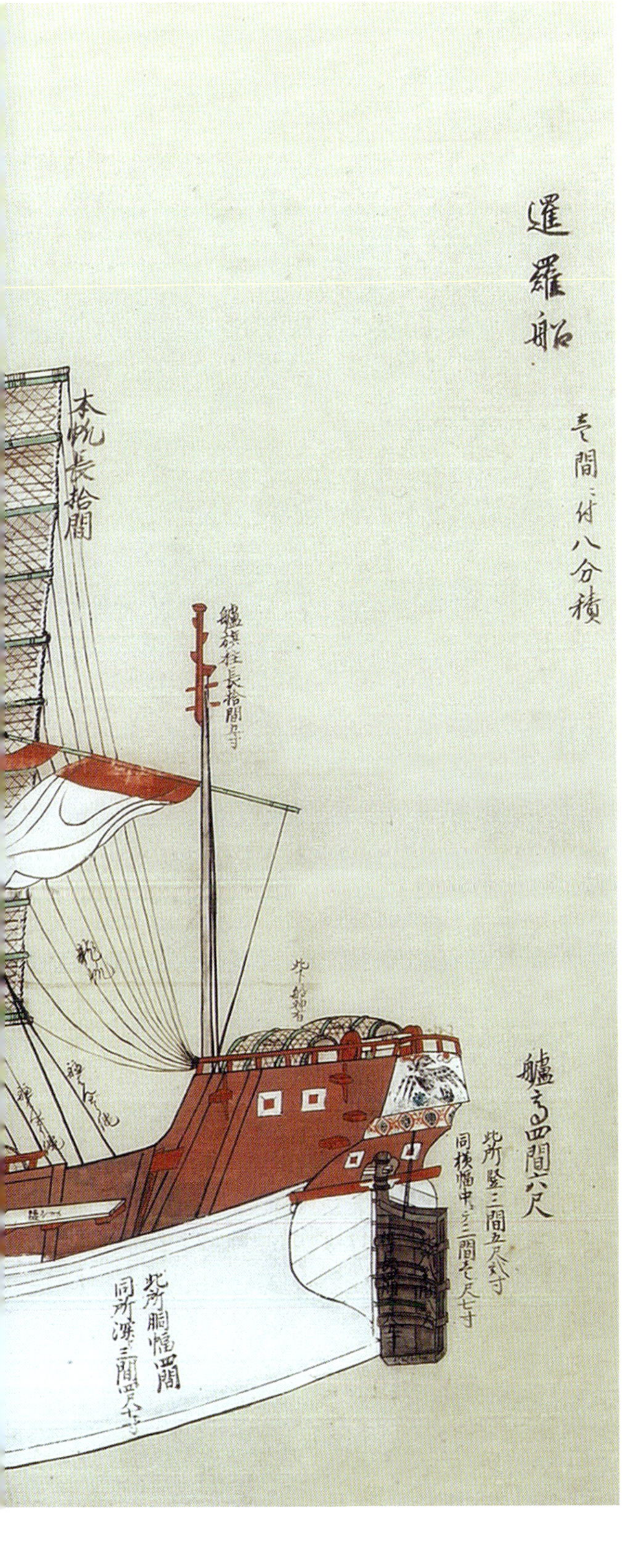

明清之际“暹罗船”，原画现存日本松浦史料博物馆

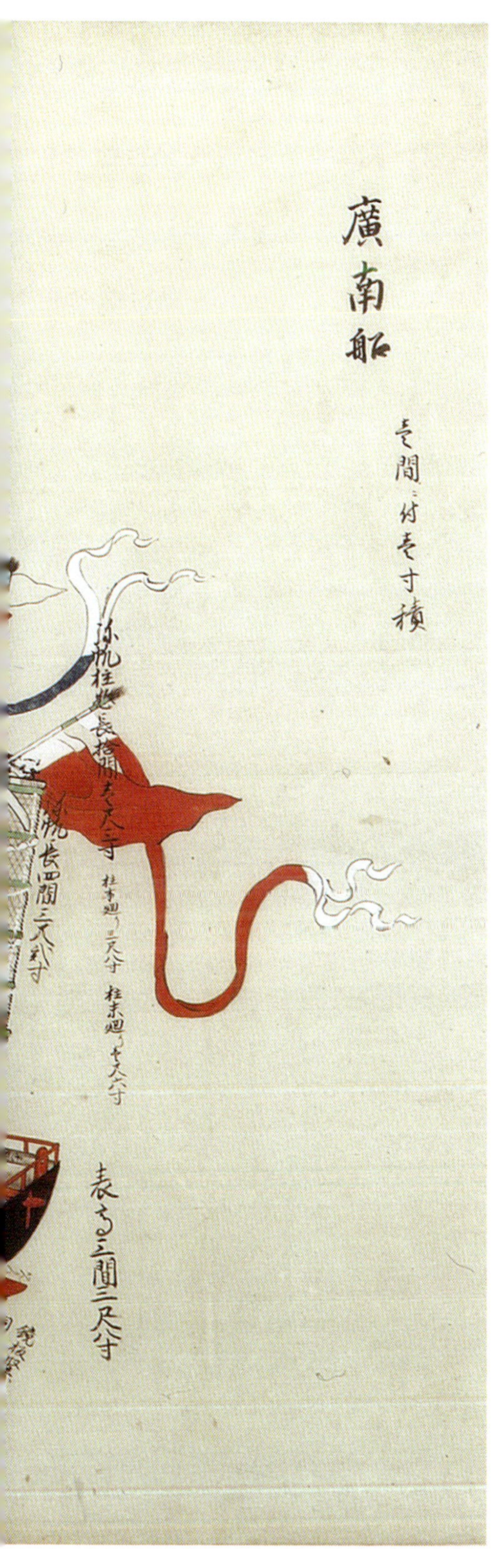

明清之际“广南船”，原画现存日本松浦史料博物馆

本帆柱惣長拾六間四尺四寸

明清之际“咬嚠吧岜船”，原画现存日本松浦史料博物馆

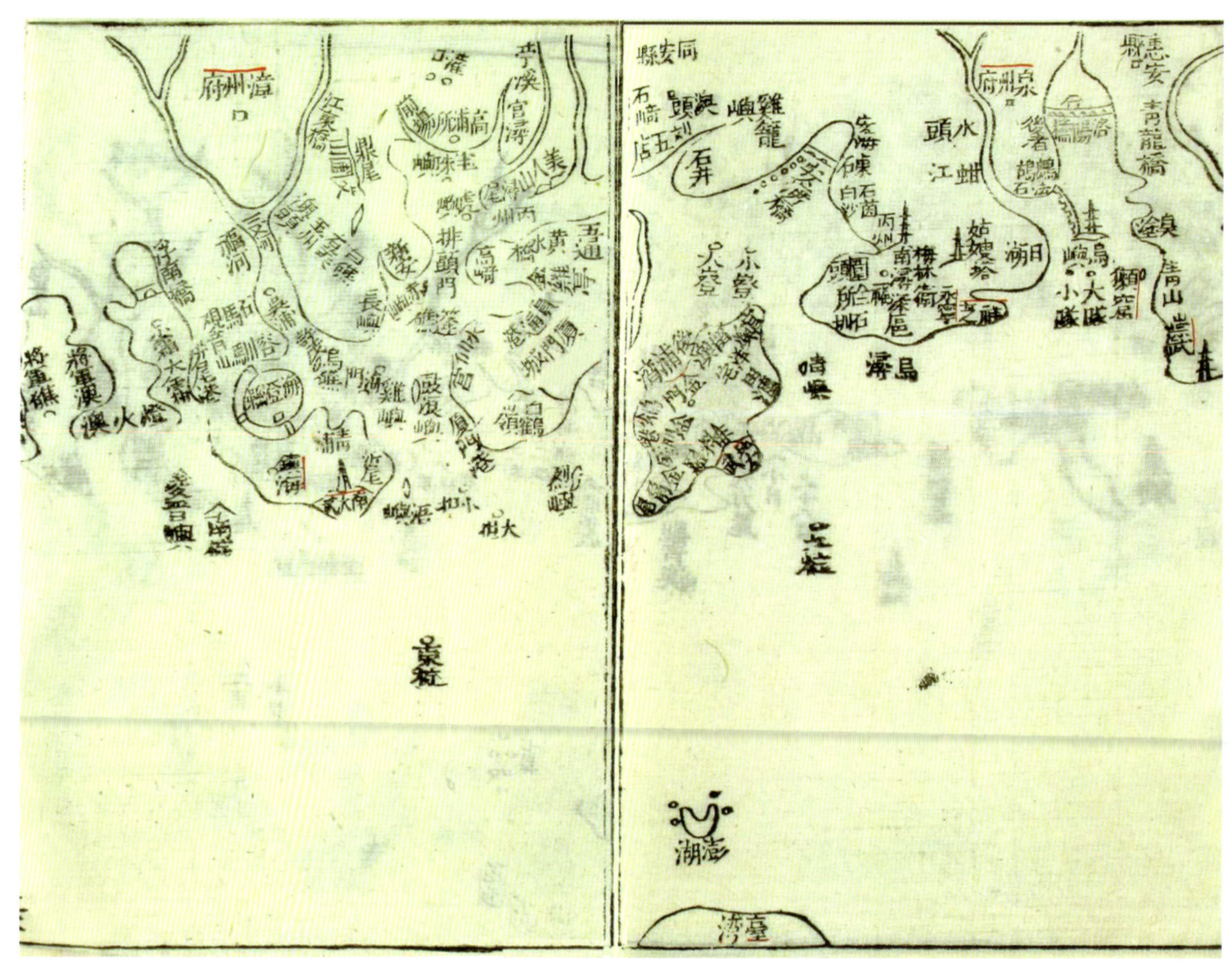

《海国闻见录》所绘清初厦门及其附近地图

清康熙二十三年（1684），清政府宣布解除“海禁”，准许东南沿海江苏、浙江、福建、广东各省五百石以下的船只出海贸易，民间海外贸易重新焕发生机并迅速发展。雍正、乾隆年间，福建对东南亚的贸易活动又呈现出一派繁荣的景象，厦门港成为中国与东南

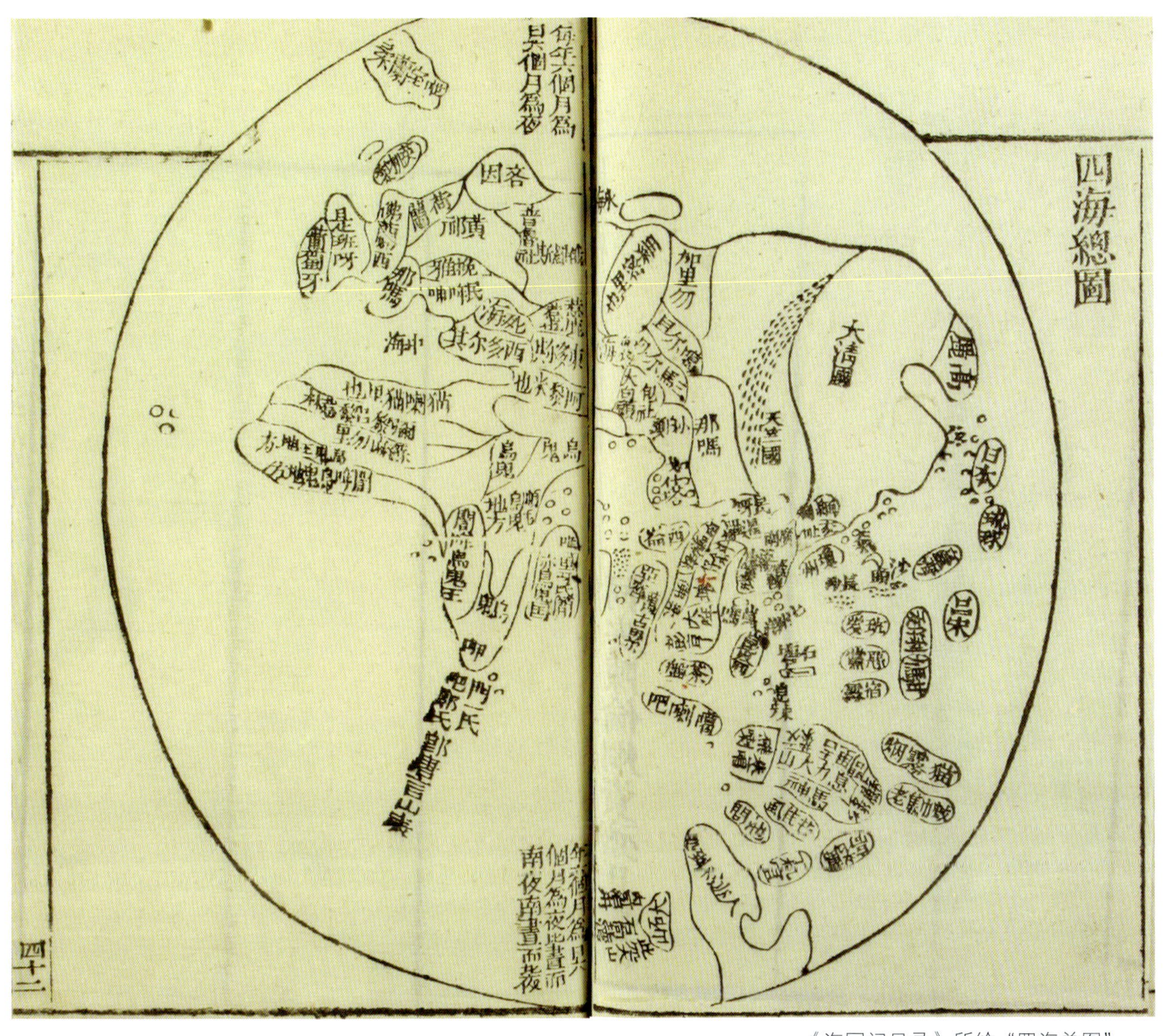

《海国闻见录》所绘“四海总图”

亚贸易的主要港口之一，贸易范围遍及东南亚各地，诸如“噶喇吧（巴达维亚，今印度尼西亚雅加达）、三宝垄、实力、马辰、赤仔、暹罗、柔佛、六坤、宋居劳、丁家卢、宿务、苏禄、柬埔寨、安南、吕宋诸国”。

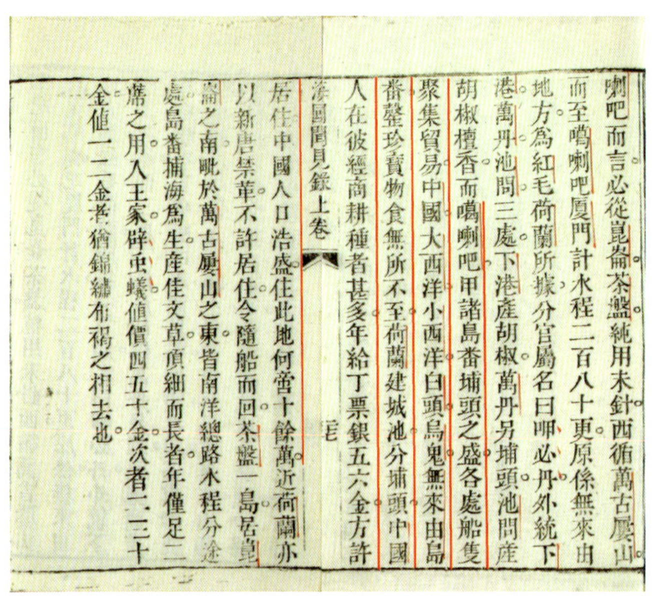
喇吧而言必從崑崙茶盤純用未針西循萬古屢山
而至噶喇吧廈門計水程二百八十更原係無來由
地方為紅毛荷蘭所據分官屬名曰呷必丹外統下
港萬丹池問三處下港產胡椒萬丹另埔頭池問產
胡椒檀香而噶喇吧甲諸島番埔頭之盛各處船隻
聚集貿易中國大西洋小西洋白頭烏鬼無來由島
番璧珍寶物食無所不至荷蘭建城池分埔頭中國
人在彼經商耕種者甚多年給丁票銀五六金方許
海國聞見錄上卷
居住中國人口浩盛住此地何啻十餘萬近荷蘭亦
以新唐禁革不許居住令隨船而回茶盤一島居崑
崙之南毗於萬古屢山之東皆南洋總路水程分途
處島番捕海為生產佳文草質細而長者年僅足二
蓆之用入王家辟虱蟣值價四五十金次者一二三十
金值一二金者猶錦繡布褐之相去也

《海国闻见录》关于噶喇吧的记载

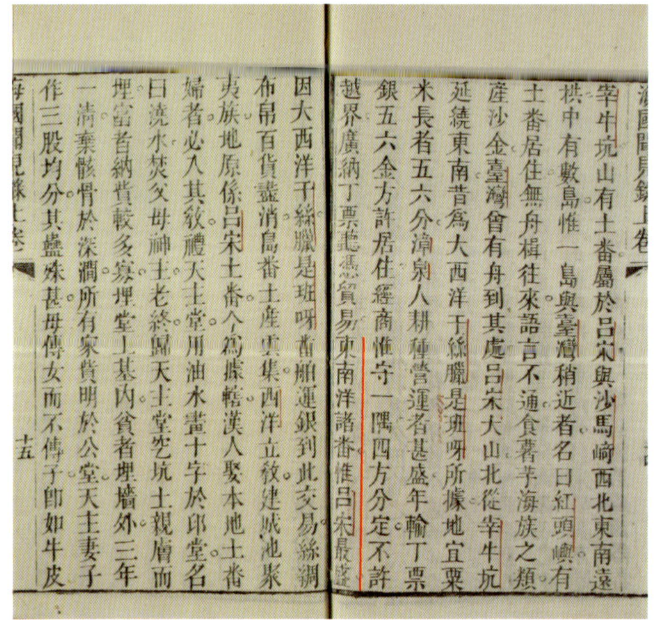
海國聞見錄上卷
筆牛坑山有土番屬於呂宋與沙馬崎西北東南遠
拱中有數島惟一島與臺灣稍近者名曰紅頭嶼有
土番居住無舟楫往來語言不通食薯芋海族之類
產沙金臺灣曾有舟到其處呂宋大山北從筆牛坑
延繞東南昔為大西洋干絲臘是班呀所據地宜粟
米長者五六分漳泉人耕種營運者甚盛年輸丁票
銀五六金方許居住經商惟守一隅四方分定不許
越界廣納丁票悲憑貿易東南洋諸番惟呂宋最盛
因大西洋干絲臘是班呀番舶運銀到此交易絲綢
布帛百貨盡消島番土產東集西洋立教建城池聚
夷族地原係呂宋土番今為據轄漢人娶本地土番
婦者必入其教禮天主堂用油水畫十字於印堂名
曰澆水焚父母神主老終歸天主堂挖坑土親膚而
埋富者納貲較多寡埋堂上基內貧者埋牆外三年
一清棄骸骨於深澗所有家貲明於公堂天主妻子
作三股均分其蠱殊甚毋傳女而不傳子即如牛皮
海國聞見錄上卷 十五

《海国闻见录》关于吕宋的记载

在清代与福建贸易往来的东南亚各地中，以东南洋的吕宋和南洋的噶喇吧两地最为兴盛。乾隆初年泉州人陈伦炯所著《海国闻见录》上卷“东南洋记”和“南洋记”中均有记载。

海島逸誌卷一

柳谷王大海碧卿氏著

西洋紀略　鐵漁王廷珊汝珍氏梓

噶喇吧 音交留巴

噶喇吧邊海澤國極西南一大區處也厦島揚帆過七洲從安南港口歷巨港蔴六甲經三笠而入嶼城至其澳計水程二百八十更每更五十里約一萬四千里可到其國面北背南後則火焰山以為屏障其外南海也左萬丹右井裡汶前則嶼城羅列門戶堅固城池嚴峻

海島逸誌　卷一　一

之稱單于唐之稱可汗其餘各處並稱史丹俱尊覽內為巡欄其官職有二把晉淡板公把低各有副如中軍以代行其事其陞降黜陟皆聽命於和蘭華人自明宣德時王三保鄭和等下西洋採買寶物至今通商來往不絕於冬至後厦島開棹廿餘日可達吧城連衢設肆夷民互市貴賤交易所謂利盡南海者也富商大賈獲利無窮因而納賄和蘭■其推舉有甲必丹大雷珍蘭武直迷朱葛礁諸稱呼俱通稱甲必丹華人或角口或毆鬪皆質之甲必丹長揖不跪自稱晚生其是非曲直

《海岛逸志》关于噶喇吧的记载

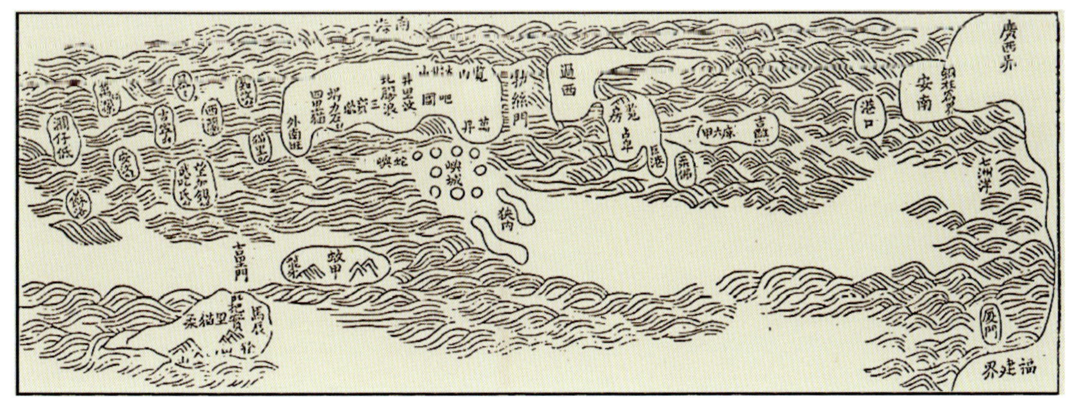

《海岛逸志》中绘制的“马来群岛图”

清乾隆末年福建漳州龙溪人王大海所著《海岛逸志》对福建与噶喇吧的贸易往来进行了记述，尽管从福建前往噶喇吧的航程极其遥远，但利之所在，福建商民仍趋之若鹜，络绎不绝。

吏部「爲內閣抄出閩浙總督蘇等奏」移會 九月二十九日 入戶 閩督蘇等奏請酌改海洋運米商民議敘
吏部爲知照事文選司案呈內閣抄出閩浙總督蘇等奏酌改海洋運米商民議敘一摺抄出到部相應抄單知照可
也須至移會者 計抄單一紙 右移會稽察房乾隆三十年九月日
乾隆三十年九月二十三日內閣抄出閩浙總督蘇昌等跪奏爲議請酌改販運洋米商民之議敘以裕海疆民食仰
祈聖鑒事切照閩省漳泉一帶地方濱臨大海地窄人稠山多田少歲產米谷不敷民食之半向藉臺洋商販運米接
濟查商販買運臺米每船不得過二百石爲數有限惟洋商購自海外番邦不拘定數每舡帶來自數百石以致萬餘
石不等頗于民食有濟從前仰蒙聖主軫念海疆民食勅諭前督臣喀爾吉善酌量情形議奏卽經議請凡內地商人
有自備資本領照赴暹羅等國運米回閩接濟民食者量予議敘如生監運米二千石以上者賞給吏目職銜四千石
以上至六千石者賞給主簿職銜六千石以上至一萬石者賞給縣丞職銜其民人買運二千石以上至四千石者賞
給九品頂帶四千石以上至六千石者賞給八品頂帶六千石以上至一萬石者賞給七品頂帶准部議覆仰邀俞允
欽遵辦理在案計自乾隆十九二十二十一二二三等年各商買運洋米進口每年自九萬餘石至十二萬餘石不等于
閩省民食大爲得濟行之已有成效宜乎販運源源有增無減矣乃自二十二三年以後核計各年回棹商船僅帶運
米六萬餘石至一萬餘石不等較前漸見減少近年以來尤屬無多以致漳泉一帶少此米糧接濟民食不能充裕臣
等因民食爲海疆首重留心體察廣詢輿情近年洋米日少之故雖因外洋產米各處年歲豐歉不齊價值增昂所致
亦因各商民資本饒裕者從前已邀議敘其餘資本不多之商買運有限均不得仰邀議敘遂不復踴躍從事販運因
而日少查自乾隆二十四年迄今總無奏請議敘洋商之案臣等伏查米谷爲民食必需況漳泉沿海之地較之腹內
更爲緊要若不設法廣爲鼓勵竊恐洋米一項販運日稀下游民食難期充裕價必增昂民多未便聞本年外番產米
各國俱獲豐收米價甚爲平減自應及時籌辦以裕海疆民食臣等因與藩司公同籌酌惟有將各商帶運米石按數
議敘之例量爲更定從優庶幾踴躍販運不致因循中阻應請嗣後凡生監每舡運米一千五百石至二千石賞給吏
目職銜二千石以上至四千石者賞給主簿職銜四千石以上至六千石者賞給縣丞職銜六千石以上至一萬石者
俱賞給州判職銜民人每船運米一千五百石至二千石者賞給九品頂帶二千石以上至四千石者賞給八品頂帶
四千石以上至六千石者賞給七品頂帶六千石以上至一萬石者俱賞給把總職銜如此量減其米數稍優其議敘
則大小各商羣思仰沐恩榮自必竭力措本不憚遠涉外洋爭先購買運回糶濟市價可望常平卽有水旱不齊米糧
不虞缺乏實于海疆民食大有裨益抑臣等更有請者查洋舡回棹緣洋行俱在厦門故各舡向由厦門口出入該地
設有同知專司稽察其餘各口俱不准其收泊但查福州省城商賈輻輳戶口殷繁田地無多歲需米石全藉上游延
建邵各府商販運濟卽如本年春夏之間因江西各屬米價翔貴商販等牟利心殷多將米谷販往別處售賣以致運
省之米較前減少市價因之驟昂小民艱于買食雖有官谷糶濟終難溥徧應請嗣後販洋商舡帶回米石如有情愿
運赴省城糶賣者准其由閩安鎮進口該地駐有副將大員卽責成該副將督率守口文武稽查驗照放入聽其運省
糶濟仍按照米數一體議敘庶商民益加鼓舞而省會民食卽偶有不敷亦得藉此接濟更爲有益再議敘事從前雖
經部議酌定限制不許再加給職銜頂帶但臣等因海疆民食日見支絀再三籌畫不得已于原定各職銜頂帶外生

《吏部“为内阁抄出闽浙总督苏等奏”移会》书影

随着社会发展和人口的增多，东南沿海尤其是福建、广东两省的粮食供应越来越紧缺，乾隆十九年（1754），清政府制订优惠措施和政策，鼓励民间海商从东南亚各地贩运大米回国，以解决日益紧缺的粮食问题。据当时的闽浙总督苏昌奏报，这一激励措施在福建地区取得了显著成效，并促进了当时福建与东南亚贸易的进一步发展。

二、福建与东南亚的其他交往

明清时期，福建与东南亚之间除了频繁的贸易往来之外，随着“下南洋”，福建人大量移民东南亚各地，同时将中国的传统工艺技术、文学、艺术等传播至南洋各地。

明中叶时，移居菲律宾的福建华侨已将甘蔗的种植及蔗糖的榨取煎熬技术传播到了菲律宾，并在菲律宾建造了第一家使用中国技术制糖的工场。移居印度尼西亚、马来西亚等地的福建移民也在当地建造了同样的制糖工场（蔗廍）。

印度尼西亚西爪哇巴达维亚的华人蔗廍

印度尼西亚东爪哇泗水的华人蔗园及蔗廍

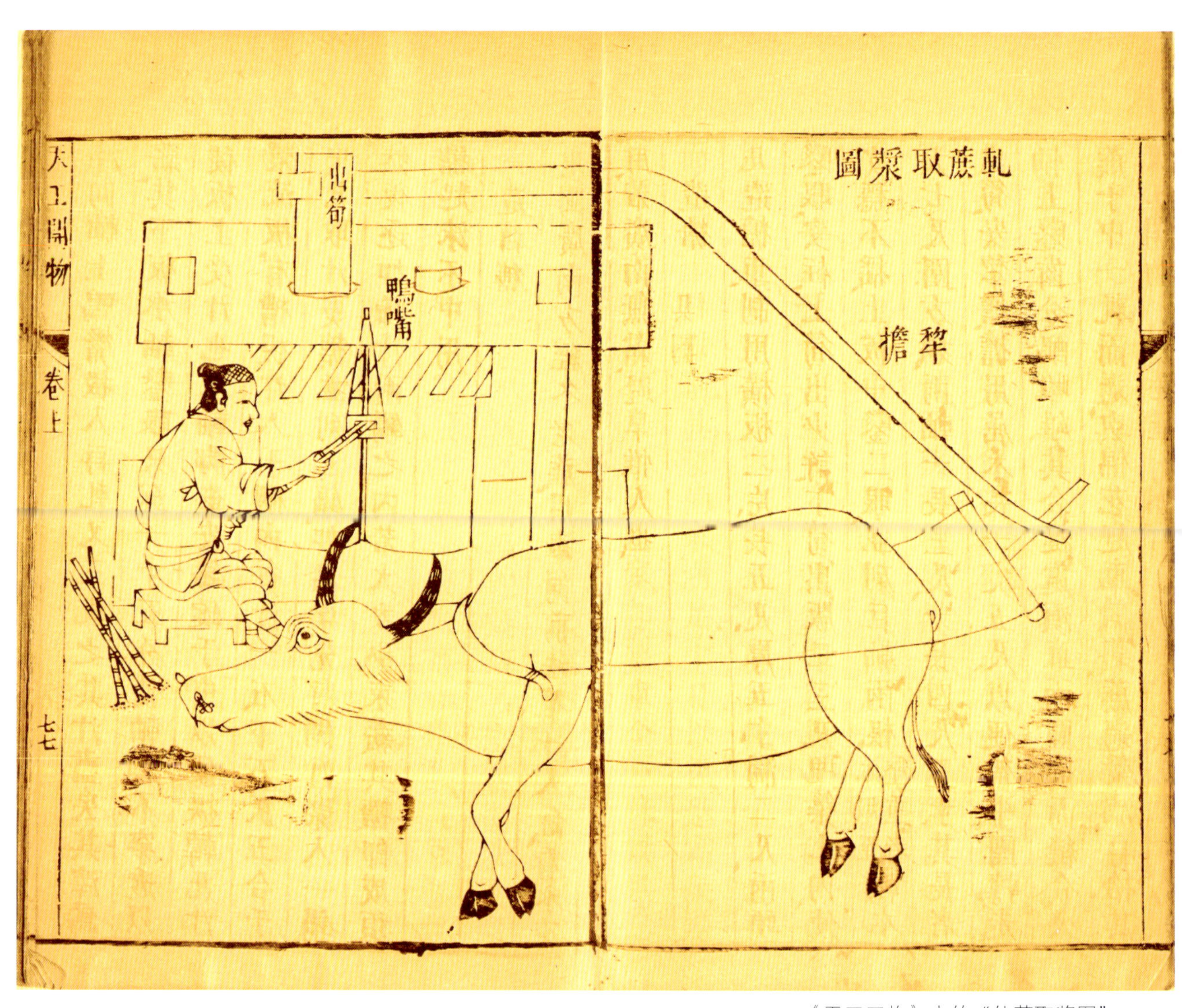

《天工开物》中的“轧蔗取浆图”

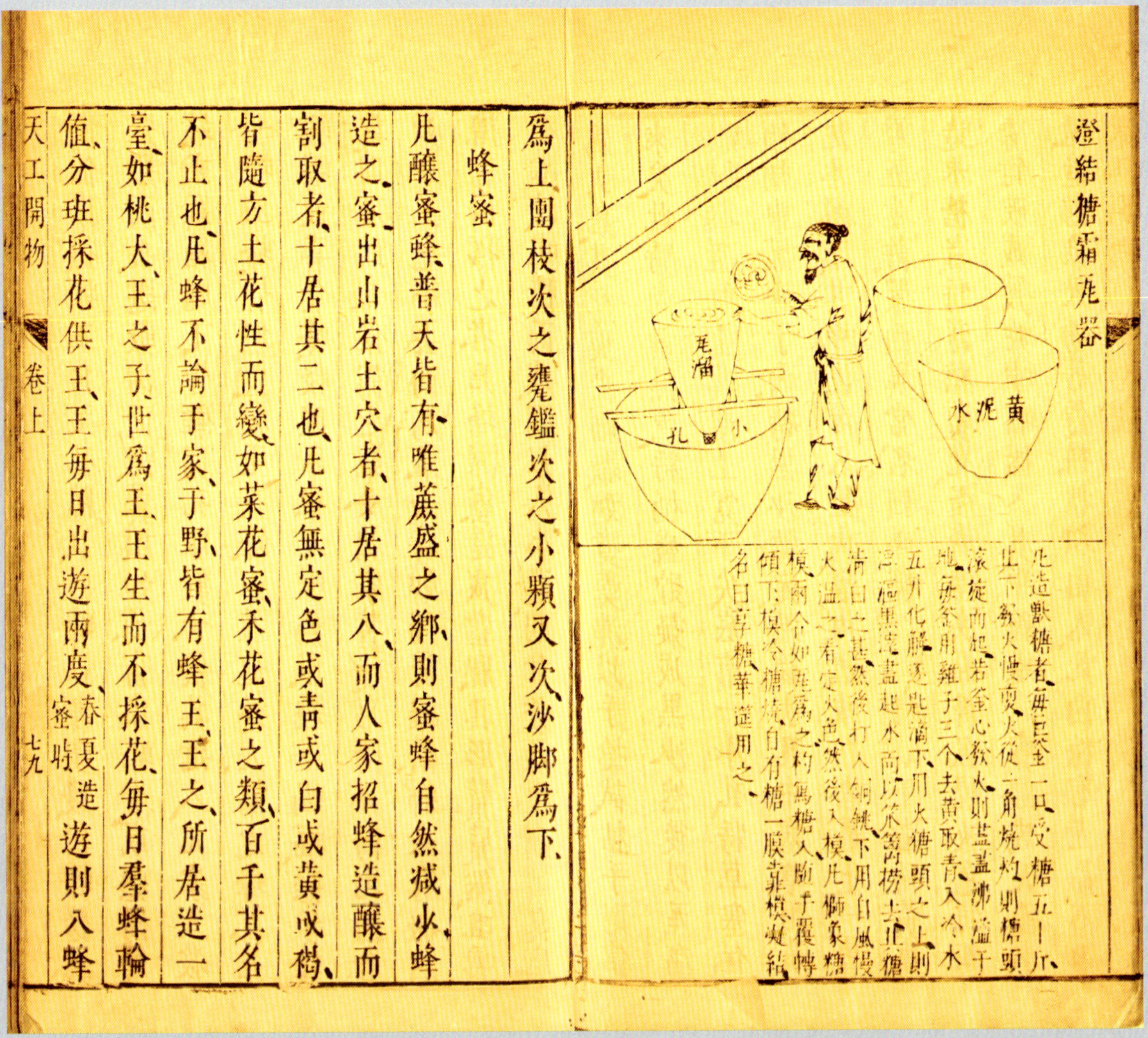

爲上團枝次之甕鑑次之小顆又次沙脚爲下、

蜂蜜

凡釀蜜蜂普天皆有唯蔗盛之鄉則蜜蜂自然减少蜂造之蜜出山岩土穴者十居其八而人家招蜂造釀而割取者十居其二也凡蜜無定色或青或白或黄或褐皆隨方土花性而變如菜花蜜禾花蜜之類百千其名不止也凡蜂不論于家于野皆有蜂王王之所居造一臺如桃大王之子世爲王王生而不採花每日羣蜂輪值分班採花供王王每日出遊兩度春夏造蜜時遊則八蜂

天工開物　卷上　七九

澄結糖霜瓦器

凡造獸糖者每巨釜一口受糖五十斤其下發火慢煎火從一角燒灼則糖頭滚旋而起若釜心發火則盡盡沸溢于地每釜用雞子三个去黄取青入冷水五升化解逐匙滴下用火糖頭之上則浮漚黑滓盡起水面以笊籬撈去其糖清白之甚然後打入銅銚下用自風慢火温之看定火色然後入模凡獅象糖模兩合如瓦爲之杓寫糖入隨手覆轉傾下模冷糖燒自有糖一膜靠模凝結名曰享糖華筵用之

《天工开物》中的蔗糖黄泥脱色法

中国石制轧蔗装置（石碌）

蔗蔀轧蔗取汁图

印度尼西亚武吉斯人的双桅帆船

印度尼西亚武吉斯人的双桅帆船示意图

此时期，定居在东南亚各地的中国船员、水手和造船工匠，与当地人一道采用中国造船技术从事造船活动，其中清代福建商人曾在暹罗、东印度群岛以及婆罗洲的文莱等地建造了不少帆船。善于航海的东南亚人也学习中国的造船技术，并仿制了许多中国式的帆船，诸如二、三桅杆的大型中国式帆船，以及众多的中国式舢板。中国的指南针和罗盘也在东南亚航海事业中得到了广泛的运用，例如印度尼西亚武吉斯人的帆船就是使用中国罗盘来导航的。此外，菲律宾苏禄群岛的船只也使用中国的航海罗盘。

明清时期，福建闽南的砖瓦房屋及宫庙的建筑技术随着福建移民的足迹传播到东南亚各地，这在福建华侨聚居的菲律宾、印度尼西亚以及马来西亚的一些城镇表现得尤为明显。

菲律宾许多古老的教堂、修道院、医院和石头建造的房屋，大多由福建工匠参与设计和建造。在这些古建筑上，我们至今还可以看到中国建筑的痕迹。例如，始建于 1571 年的马尼拉圣・奥古斯丁大教堂是马尼拉乃至整个菲律宾的宗教和文化中心，教堂大门两侧的石狮子，展现出明显的福建式宫庙建筑的风格特征。

菲律宾马尼拉圣・奥古斯丁教堂

菲律宾马尼拉圣・奥古斯丁教堂门前的中式石狮子

19 世纪末巴达维亚（今雅加达）中港仔华人居住区

印度尼西亚泗水郑和清真寺

马来西亚马六甲清真寺（一）

马来西亚马六甲清真寺（二）

在印度尼西亚及马来西亚华人聚居的各大城镇均有不少闽南风格的寺庙和房屋，一些清真寺的建筑风格也是如此。例如在马来西亚的马六甲，以及印度尼西亚的爪哇等地，一些清真寺的上端为宝塔尖，但其屋顶与福建闽南的宫庙式建筑一样都是重檐歇山顶。

道光元年新鐫
平閩全傳
鷺江崇雅藏板

《平闽全传》书影

中国的明清小说传播到印度尼西亚群岛也与福建有着特殊的联系。在中爪哇首府三宝垄发现一套华人的私人藏书，其中大多是 19 世纪福建版本的明清小说。最早的一本明清小说是道光元年（1821）在鹭江（今厦门）新刻印的《平闽全传》，另有一本时间比较早的则是 1859 年由厦门文德堂刊印的《三宝太监西洋记》。

《三宝太监西洋记》中的插画

漳州布袋木偶戏

印度尼西亚皮影戏

早在 17 世纪末，福建漳州的戏班就已出现在暹罗宫廷的舞台上为暹罗王室进行表演，同时，在越南、柬埔寨、暹罗、荷属东印度等地的华人社区里已经有了专门表演中国戏剧的戏台，不少东南亚国家也将中国的小说和故事改编成戏剧演出。

在印度尼西亚爪哇地区，福建移民后裔用马来语演出中国戏剧，并且在爪哇岛的一些中心城市地区创造了印度尼西亚皮影戏（Wayang），演出的剧目都是中国的历史剧。

福建南音表演

福建南音乐器

在菲律宾，盛行于福建的南音自明末开始传入。南音也称“弦管”“泉州南音”，发源于福建泉州，用闽南语演唱，是中国现存最古老的乐种之一，有“中国音乐史上的活化石”之称。菲律宾最早的福建南音社团长和郎君社创立于1820年，迄今已有近200年的历史。

菲律宾长和郎君社参加印度尼西亚东方音乐基金会25周年庆典的踩街游行

第二章
历史上福建与东南亚贸易往来的主要港口和商品

福建与东南亚贸易往来主要依托港口开展，在福建，主要以福州、泉州、漳州、厦门四大商港为代表，在东南亚地区，则有三佛齐（巨港）、满剌加（马六甲）、吕宋、万丹（下港）、噶喇吧（巴达维亚）、文莱、新加坡等。福建海外贸易出口商品货物种类大致可分为帛布、陶瓷、农副产品及金属制品等四个大类。其中，丝绸、陶瓷器和茶叶是最主要的大宗货物。从东南亚地区进口的商品货物，按其种类大致可分为香药类、珍宝类、矿产类、食品杂货类四大类。

第一节　历史上福建与东南亚贸易的主要港口

历史上福建与东南亚贸易的主要港口，在福建来说，主要以福州、厦门、漳州、泉州四港为代表，在东南亚与福建进行贸易往来的港口则主要有三佛齐（巨港）、满剌加（马六甲）、吕宋、万丹（下港）、噶喇吧（巴达维亚）、文莱、新加坡等。

一、福建的主要港口

（一）福州港

福州港位于闽江下游河口，古为东冶港，历史悠久，兴建于东汉建初年间。《后汉书·郑弘传》有载，东汉建初八年（83），“旧交趾七郡贡献转运，皆从东冶泛海而至”，由此开辟了福建与中南半岛的海上交通航线。及至唐代，东冶改称福州。从隋唐以至五代十国时期，福州港都是福建最大的对外港口。尤其在王审知建立闽国之后，“利涉益远，且招徕番舶”，与三佛齐等国贸易往来密切，进一步促进了福州港海外贸易的发展。明代成化年间（1465—1487），明朝政府将福建市舶司从泉州移置福州，使得福州港成为明朝与海外诸国进行朝贡贸易往来的重要港口之一。1840 年鸦片战争之后，福州被辟为“五口通商”口岸之一。

福州港的航标之一：马尾罗星塔（1890 年代）

迴龙桥桥头的石碑

迴龙桥位于福州马尾区亭江镇闽安村，始建于唐代。早在唐太宗贞观年间（627—649），马尾区闽安古镇已是重要的对外贸易港口。唐文宗在位时期（826—840），前来福州的南海各国商船均在闽安镇停泊和放洋出海。到唐末及五代时期，闽王王审知为发展海上贸易、巩固海防，在闽安建造通海大石桥迴龙桥，成为福州海外贸易必经之地。南宋时期郑性之重修迴龙桥，改名飞盖桥。清康熙十六年（1677），又改名为沈公桥。邢港码头以及古航道向东南与闽江汇合。唐景福二年（893），王潮占据福州，在闽安设立税课司衙门，专门负责福州港海外贸易船只的课税工作。

迴龙桥及邢港码头遗址

东岐码头遗址

东岐码头位于福州马尾区亭江镇东岐村，始建于唐代，宋元明清历代沿用。整个码头建在江边岩壁上，按岩石走势在石壁上凿 4 段台阶，共 94 级。古码头曾对福州海上贸易的发展做出过巨大贡献。

登文道码头位于福州长乐区潭头镇，是闽江出海口的交通要冲之一，始建于明代。码头位于闽江出海口南岸，是明代船舶停靠点和对外贸易的重要港口，郑和船队曾多次在这个码头出海远航，同时登文道码头也是长乐客商出远洋的始发地。

登文道码头遗址的明代石碑

怀安窑及码头位于福州仓山区建新镇淮安村。近年来在泰国、文莱、越南等国出土了福州怀安窑陶瓷器，证明怀安窑瓷器也曾外销至东南亚地区。怀安窑瓷器的转运外销主要通过附近的三个古码头，分别为：石岜山西麓三相公庙下的马尾道码头、马尾道南侧的怀安古接官道码头以及芋原驿古渡。古接官道码头是唐宋时期海外贸易货物及闽江上下游物资经福州转运的重要中转码头，芋原驿古渡是唐及五代时期怀安窑外销的主要码头，如今三座古码头仅存古接官道码头。

怀安窑遗址

怀安古接官道码头

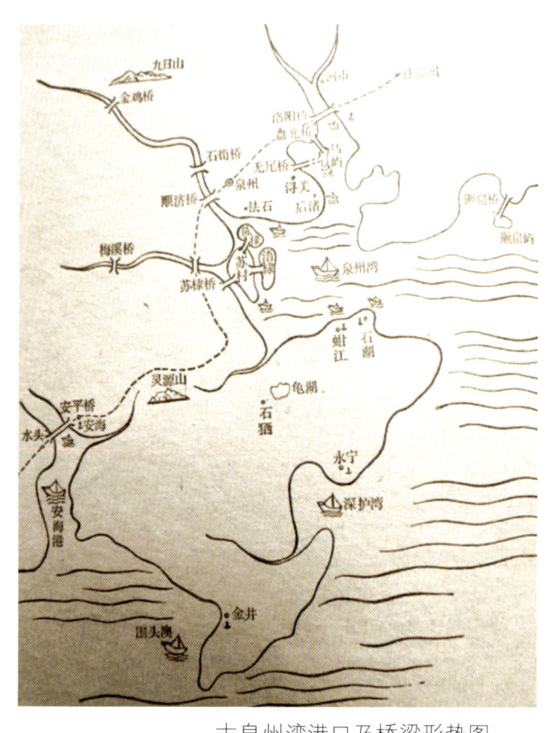

古泉州湾港口及桥梁形势图

（二）泉州港

泉州港古称“刺桐港”，地处泉州市东南晋江下游滨海的港湾，是联合国教科文组织唯一认定的“海上丝绸之路起点”。早在公元6世纪，泉州港就与海外有了交通往来。唐代时泉州港海外贸易和海外交通逐渐兴起，成为继广州、交州之后，中国对外交通的第三个贸易港口。

宋元时期是泉州港海外贸易突飞猛进的时期。宋代时泉州港已与海外70余个国家和地区建立了贸易关系，贸易范围东至日本，南通南海诸国，西达波斯、阿拉伯和东非等地。元代时泉州港的海外贸易国家与地区增至近百个，被中世纪旅行家马可·波罗称为世界上最大的商港之一，而另一位中世纪旅行家伊本·白图泰更是将泉州港誉为世界“最大之港”。

清末泉州湾洛阳桥

泉州市舶司遗址

泉州市舶司遗址位于泉州鲤城区，今泉州市内水门巷竹街南薰门（水门）遗址西北，西到水仙宫，东到三义庙，北到马坂巷洪厝山。北宋元祐二年（1087），宋朝政府设立福建市舶司于泉州。直至明成化八年（1472），福建市舶司才从泉州迁往福州。福建市舶司在泉州的近四百年间，管理着泉州诸港的海外贸易及有关事务，是泉州港繁荣历史的见证。

泉州德济门遗址，即泉州古城南城门遗址，位于泉州鲤城区天后路，古代舶来货和外销产品皆通过此门出入泉州城，是泉州城南的重要交通要道。德济门外的聚宝街、万寿路富美码头是泉州宋元时期进出口货物的集散地。

泉州南城门德济门遗址

德济门建于宋元时期，1948年毁于大火，遗址面积2000平方米，由城门、城墙、门道、墩台、内外壕沟、拱桥以及瓮城和瓮城门等组成，遗存有13—14世纪印度教、基督教、伊斯兰教、佛教的石刻，以及明清时期的铁炮等。

元代城墙基及壕沟

明清时期的大炮

泉州文兴古渡

泉州文兴码头遗址

泉州美山码头遗址

泉州港江口码头遗址由文兴码头、美山码头组成，位于泉州丰泽区。江口码头始建于南宋，历经宋、元、明、清四朝，一直是古代泉州海外贸易的重要码头。文兴码头呈南北走向，岸边立有一座宋代宝箧印经塔。美山码头则由石构墩台及其两侧斜坡式码头道组成。

泉州美山古渡

泉州石湖码头（林銮渡）

林銮渡旁的再借亭

泉州港石湖码头遗址，又称林銮渡，因唐代航海家林銮所建而得名，位于石狮蚶江镇石湖村西北。唐开元八年（720），航海家林銮为引番舶入港，拓展对外贸易，建石湖码头以通渤泥（北婆罗洲）。林銮当时拥有大船数十艘，航行东达琉球，南达渤泥、三佛齐，西南达扶南、占城、交趾一带，采用以物易物的方式进行海外贸易。宋代，林銮渡列泉州湾十八渡口之首。此后，该码头一直是泉州港水运、水转运和水陆转运的重要码头。

码头附近还保留有明代张瑞图题写的“再借亭”碑。明代崇祯四年（1631），曾樱以右参政分巡兴泉道，招抚郑芝龙，嗣后曾樱又剿灭海寇刘香及其余党。海上安宁，遂开“海禁”，允许沿海居民出海贸易。因曾樱要外调，泉州一带兵民上书崇祯皇帝挽留，崇祯帝诏许“再借”，民感其德，在石湖码头立碑纪念，遂有“再借亭”。

石狮宝盖山巅的万寿塔（姑嫂塔）

万寿塔，俗称姑嫂塔，又名关锁塔，是泉州湾著名的航标之一，位丁福建石狮永宁镇塔石村，南宋绍兴年间（1131—1162）僧人介殊所建，为八角五层仿楼阁式空心石塔，通高 22.86 米，占地 388 平方米，是研究宋代建筑技术的实物资料。

万寿塔依借宝盖山山势，背靠泉州湾，东面台湾海峡，有关锁水口、镇守东南的气势，所以又叫“关锁塔”。因嫁为商人妇的姑嫂传说，又称姑嫂塔，是泉州侨乡的象征。

清乾隆年间重修万寿塔碑记

六胜塔近景

六胜塔，俗称石湖塔，又名万寿塔，位于福建石狮蚶江镇石湖村，与姑嫂塔遥遥相对，宋元以来一直是泉州湾主航道重要的古航标之一。

该塔建于元顺帝至元二年（1336），为八角五层仿木构楼阁式空心石塔，塔高36.06米，占地425平方米，塔座为双层须弥座，八角各雕一力士承托，是研究元代建筑史与艺术的珍贵实物。石湖在古代是泉州重要外港，六胜塔不仅是泉州湾的重要古航标，而且在闽台对渡中也起了重要作用。

六胜塔局部

六胜塔元代石质匾额

六胜塔的石雕

九日山祈风石刻群

九日山摩崖石刻

泉州九日山祈风石刻群位于南安丰州镇旭山村九日山，是宋元时期泉州地方政府及官员在主持航海祈风祭祀活动时所留下的石刻文字记录。

九日山共有宋元明清摩崖石刻75方，宋代石刻居多。其中有13方是关于海外交通及祈风石刻，4方在东峰，9方在西峰，记载了泉州知州、南外宗正、提举市舶诸官员主持冬遣舶、夏回舶两次祈风盛典的事情，是我国与亚非各国发展海外贸易及中外友谊的历史物证，是研究中国古代海外交通史和书法艺术的珍贵资料。

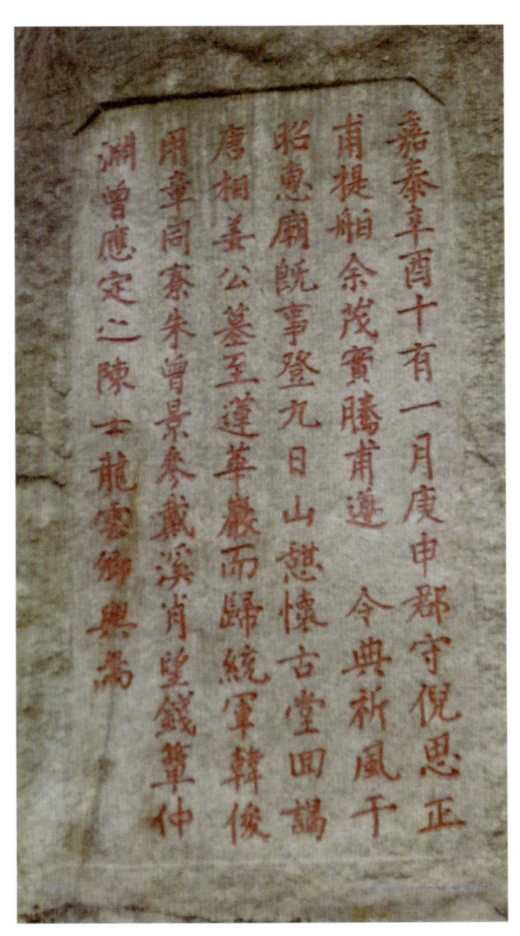

九日山宋代祈风石刻（一）

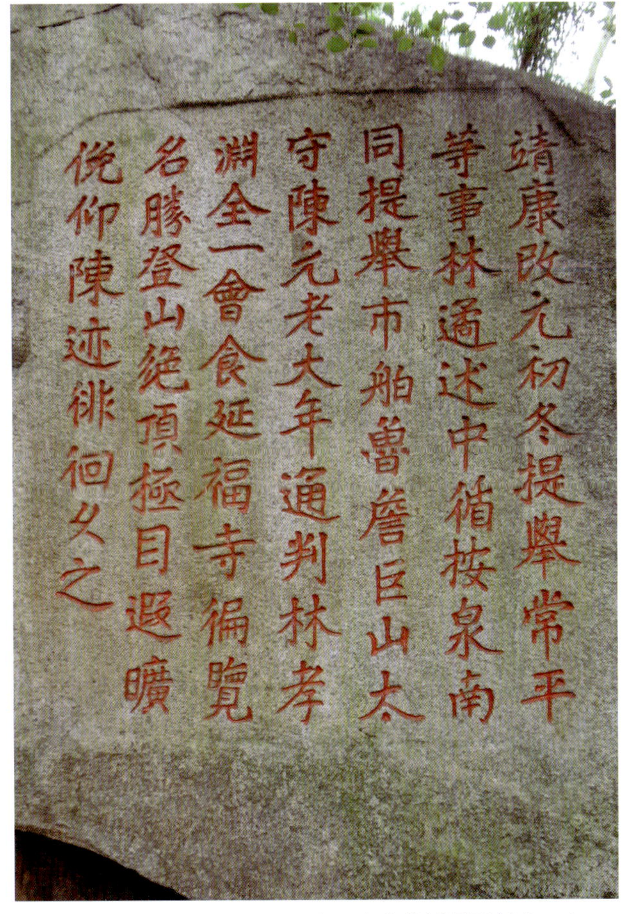

九日山宋代祈风石刻（二）

（三）漳州月港

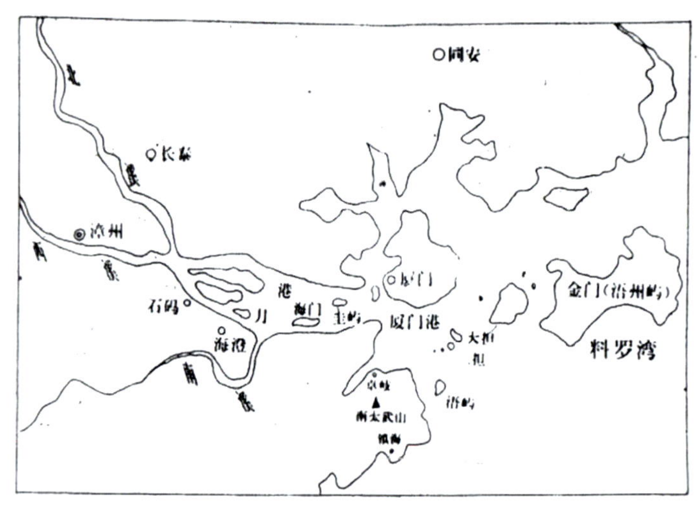

月港形势图

漳州月港位于九龙江下游三角洲九龙江出海口，该港道从海澄月溪沿九龙江南岸顺流往东，直至海门岛，因其“外通海潮，内接山涧”，形如偃月，故名月港。明代隆庆元年（1567）明朝政府设海澄县治于月港。从 15 世纪后期直到 17 世纪中期，漳州月港一直是中国东南地区海外交通贸易及海外移民的主要港口，与越南、泰国、柬埔寨、日本、菲律宾等 47 个国家和地区有直接的商贸往来。此外，漳州月港也是古代中国经由菲律宾马尼拉通往美洲的海上丝绸之路的启航港，与汉唐时期的福州港、宋元时期的泉州港、清代厦门港，并列为福建历史上的四大商港。

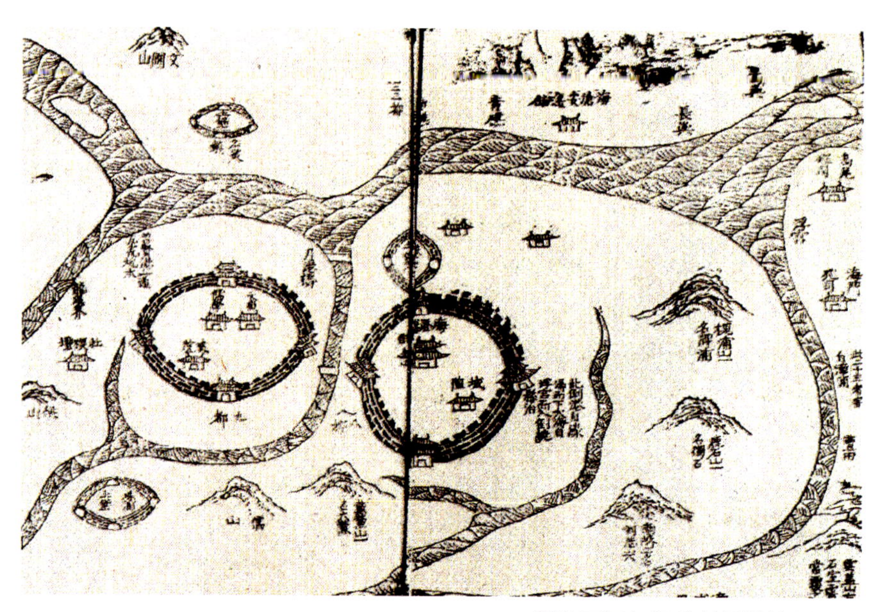
明代万历年间漳州月港地图

漳州月港遗址

漳州月港晏海楼，始建于明万历八年（1580），寓“波平海晏”之意

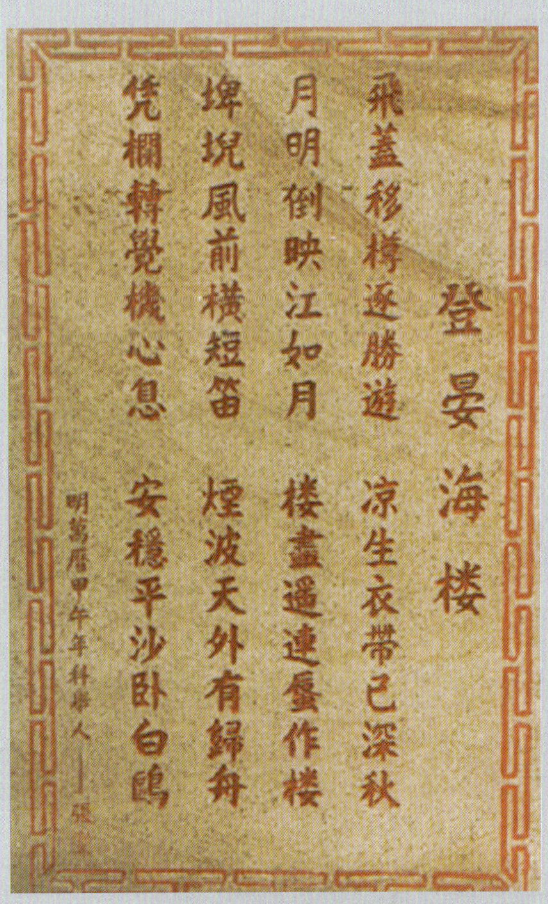

明代张燮《登晏海楼》碑

（四）厦门港

厦门港地处金门湾和九龙江出海口，早在明朝中叶就已经成为漳州月港东、西洋（东南亚）贸易的外港，进出漳州月港的民间海外贸易商船都需经由厦门。明朝末年，厦门港已逐渐取代漳州月港，成为东南沿海地区土要的海外贸易港口。

清初闽海关厦门口衙署

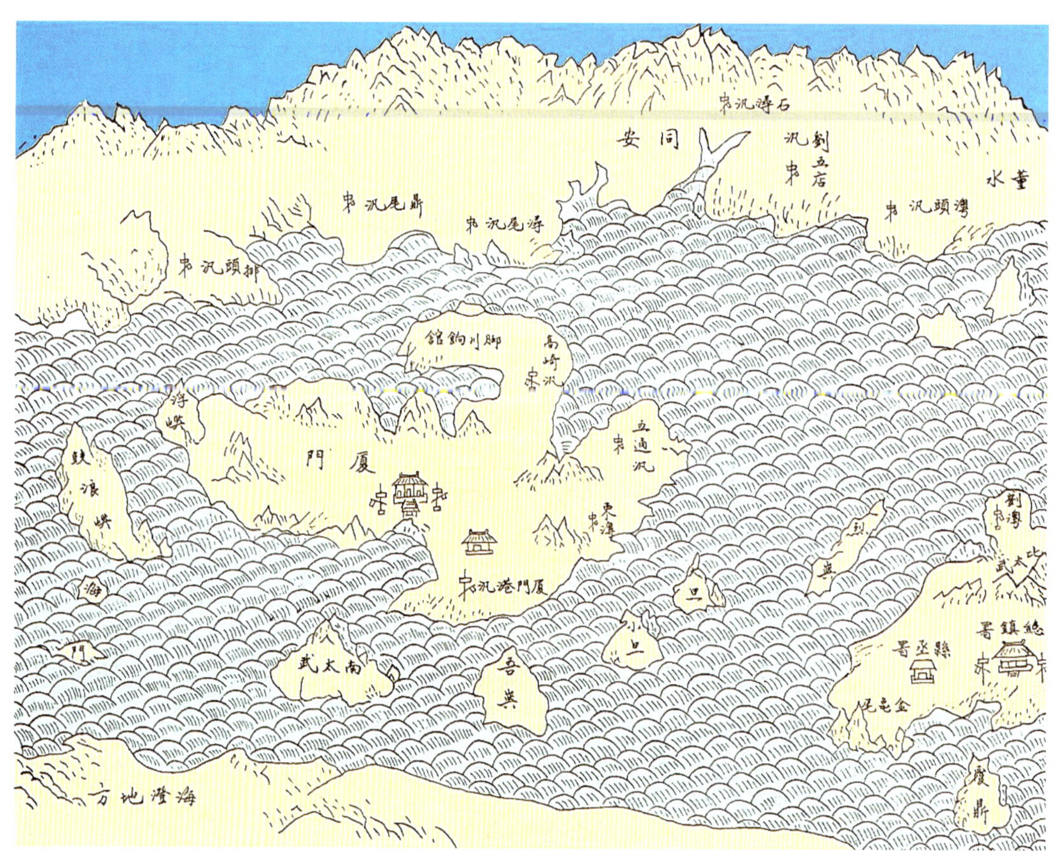

清乾隆年间的厦门地图

清顺治七年至十八年（1650—1661）间，郑成功将厦门作为基地，进一步建立起了一个连接中国东南沿海与日本及东南亚各地的庞大的海外贸易网络。清康熙二十三年（1684），清政府开放“海禁”，设立闽海关，厦门为其正口，成为“凡海船越省及往外洋贸易者，出入官司征税”之地。雍正五年（1727），清政府又规定福建所有出洋船只，均须由厦门港出入，厦门港成为福建通洋总口，与东亚及东南亚的30多个国家和地区保持着频繁的贸易往来，并成为华侨出入境的主要口岸之一。鸦片战争之后，中英《南京条约》签订，厦门被辟为“五口通商”口岸之一。

1905年的厦门港

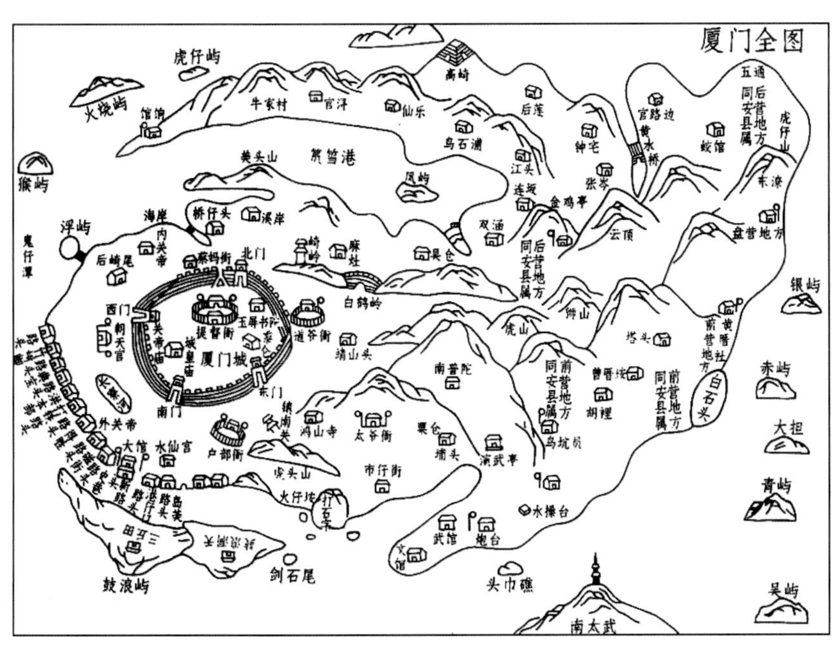

清道光年间的厦门全图

二、东南亚的主要贸易港口

在东南亚与福建进行贸易往来的港口主要有三佛齐（巨港）、满剌加（马六甲）、吕宋、万丹（下港）、噶喇吧（巴达维亚）、文莱、新加坡等。

三佛齐（巨港）位置示意图

（一）三佛齐（巨港）

三佛齐国，即唐代史籍中的室利佛逝国，简称佛逝，宋代时称三佛齐，其国都为苏门答腊岛的巴邻邦（巨港），明清时称为旧港（巨港）。三佛齐位于马六甲海峡南端，地理位置优越，“扼诸番舟车往来之咽喉”，宋元时成为中国海外贸易的主要对象之一，也是当时与泉州港进行香料贸易的海外诸港中最为重要的东南亚港口。

17 世纪末巨港俯瞰图

宋代地理学家赵汝适所著《诸蕃志》、元代汪大渊《岛夷志略》均有记载，明代黄省曾所著《西洋朝贡典录》一书对三佛齐国有较为详细的记述。

蒲甘國

蒲甘國官民皆撮髻於額以色帛繫之但地主別以金冠其國多馬不鞍而騎其俗奉佛尤謹僧皆衣黃地主早朝官僚各持花來獻僧作梵語祝壽以花戴王首餘花歸寺供佛國有諸葛武侯廟皇朝景德元年遣使同三佛齊大食國來貢獲預上元觀燈崇寧五年又入貢

三佛齊國

三佛齊間於眞臘闍婆之間管州十有五在泉之正南冬月順風月餘方至凌牙門經商三分之一始入其國國人多姓蒲累甓爲城周數十里國王出入乘船身纏縵布蓋以絹傘衛以金鏢其人民散居城外或作牌水居鋪板覆茅不輸租賦習水陸戰有所征伐隨時調發立酋長率領皆自備兵器糗糧臨敵敢死伯於諸國無緡錢止鑿白金貿易四時之氣多熱少寒豢畜頗類中國有花酒椰子酒檳榔蜜酒皆非麴蘖所醖飲之亦醉國中文字用番書以其王指環爲印亦有中國文字上章表則用焉國法嚴犯姦男女悉寘極刑國王死國人削髮成服其侍人名願徇死積薪烈焰躍入其中名曰同生死有佛名金銀山

《诸蕃志》关于三佛齐国的记述

三月内民採生以祭鬼酬愿信不生灾害民煑海爲鹽有酋長地產罩芨花印布不退色木棉花檳榔貿易之貨用青器紫鑛土粉青絲布埕甕鐵器之屬

三佛齊

自龍牙門去五晝夜至其國人多姓蒲習水陸戰官兵服藥刀兵不能傷以此雄諸國其地人烟稠密田土沃美氣候暖春夏常雨俗淳男女椎髻穿青棉布短衫繫東冲布喜潔淨故于水上架屋採蚌蛤爲鮓煑海爲鹽釀秫爲酒有酋長地產梅花片腦中等降眞香檳榔木棉布細花木貿易之貨用色絹紅硝珠絲布花布銅鐵鍋之屬舊傳其國地忽穴出牛數萬人取食之後用竹木塞之乃絕

嘯噴

絲監毗吉陀以東其山陂延袤數千里結茅而居田沃宜

島夷志略 知服齋叢書

《岛夷志略》关于三佛齐国的记述

三佛齊國第四 番名浡淋邦

其國在占城南可一千里東屬爪哇西抵滿剌加南倚大山北臨大海是爲舊港由爪哇新村而往鋮位五更至杜板又五更至那參之山又四更至胡椒之山又四更至吉里門之山又三十五更至三麥之嶼又五更至夾門大山又五更至舊港其淡港潮汐咸二港之兩涯是多磚塔自港而入爲彭家門由是至國其俗與爪哇大同其土沃而民富水多地少民皆屋筏維岸而居水長而浮也則遷於他多習水戰其博戲有三一曰弈棊

西洋朝貢典錄卷上 十三 粵雅堂叢書

《西洋朝贡典录》关于三佛齐国的记述

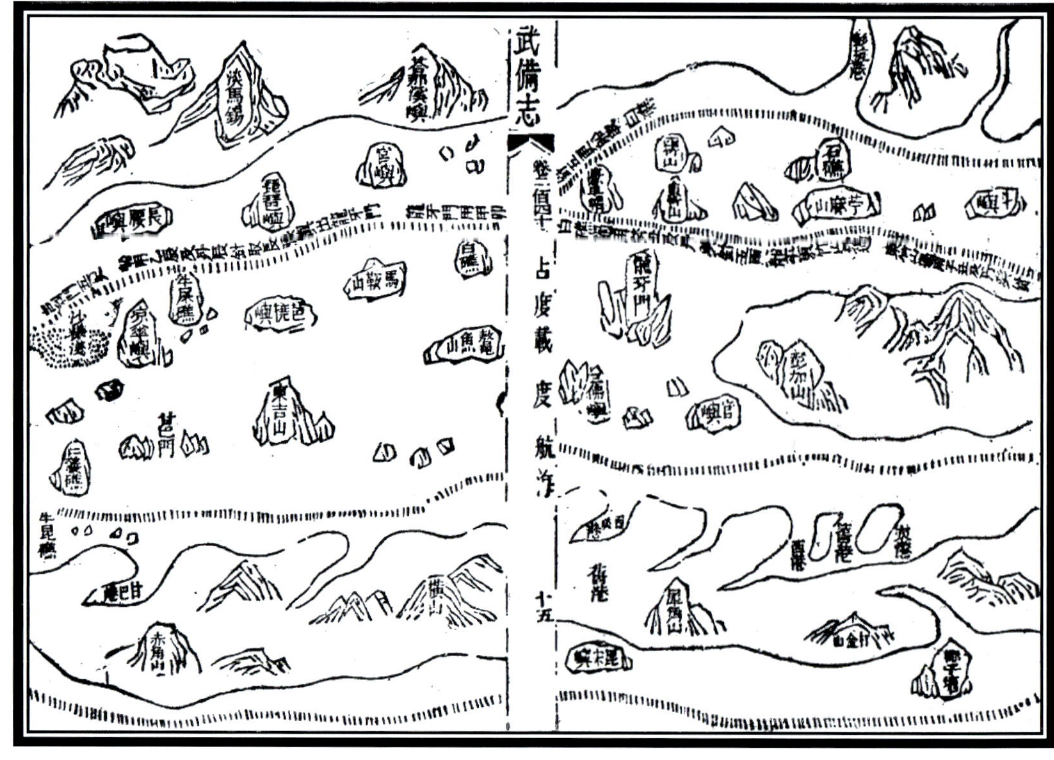

明代《郑和航海图》中旧港（巨港）航段的针路图

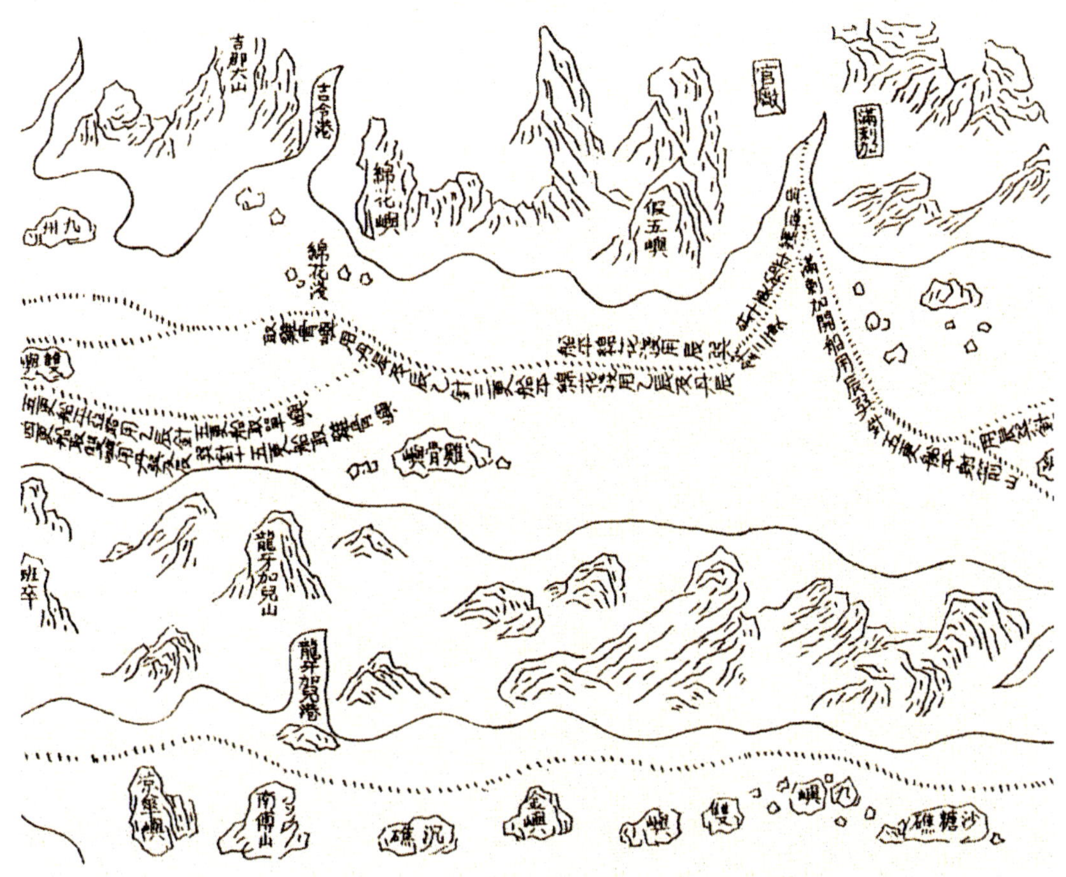

明初郑和下西洋期间在满剌加（马六甲）建立“官厂”

（二）满剌加（马六甲）

马六甲，中国史籍称之为“满剌加国”，位于马来半岛的西海岸，建国于公元 15 世纪初。明清时期，马六甲一直是福建海外贸易和移民的重要地区。

由于马六甲扼守连接印度洋与太平洋的海上通道——马六甲海峡，战略地位极其重要，明初郑和下西洋期间，曾在马六甲建立“官厂”，作为船队的中转站和补给库，马六甲王国也因此逐渐发展成为当时东南亚地区的贸易中心。

MAL

18世纪的马六甲港外景

年壬寅卒于永曆九年乙未五月十三日享壽五十有四歲
拾壹世祖妣曾氏 生男丑公女招金娘嫁曾斌字二允六月初二日忌辰
拾壹世繼祖妣楊氏 無出生於萬曆三十年壬寅卒于永曆十八年
甲辰享壽六十有三歲
拾壹世祖 宏理公 次江公長男諱為紀字宏乳生於萬曆三十九年
辛亥二月十九日卒于永曆七年癸巳六月十八日販麻六甲回
唐水途番舟遇賊跳水身亡享年四十有三歲
拾壹世祖 宏綸公 次江公次男諱為經字宏綸號君常生於萬曆
四十二年八月初十日崇禎十七年甲申往麻六甲今不社大
宗光裕堂乃宏綸公所起蓋也八月初十日忌辰
拾壹世祖妣徐氏閨名惜娘生男連公次男芳公長女瑞金次女成金
六月廿一日忌辰
拾壹世祖 愷公 侶樸公之男字宏元號八友改名閑眉授中軍府

厦门《李氏光裕堂族谱》中有关明末清初马六甲甲必丹李为经家族前往马六甲经商和移民的记载

1511 年，葡萄牙人占领马六甲后，各国商船为躲避葡萄牙人的干扰，纷纷避开马六甲海峡，致使马六甲东方海上贸易中心的地位大为削弱。

（三）吕宋

早在宋元时期，福建海商就开辟了从泉州港通往菲律宾群岛的贸易航线。《诸蕃志》《岛夷志略》均有福建海商前往菲律宾群岛的麻逸国、三屿（三岛）等地经商贸易的记载。明清时期，吕宋既是福建海商海外贸易的一大港口，同时也是福建海外移民的一大聚居地。

明初，菲律宾吕宋岛马尼拉湾入口处的吕宋国曾数次遣使前来贡献方物。“其地去漳为近，故贾舶多往。”明朝隆庆元年（1567）漳州月港开放“海禁”，“准贩东、西二洋”之后，吕宋就成为福建海商东洋贸易航线上最为主要的贸易港口之一。及至明末，“闽人以其地富饶，商贩者数万人，往往久居不返，至长子孙”。

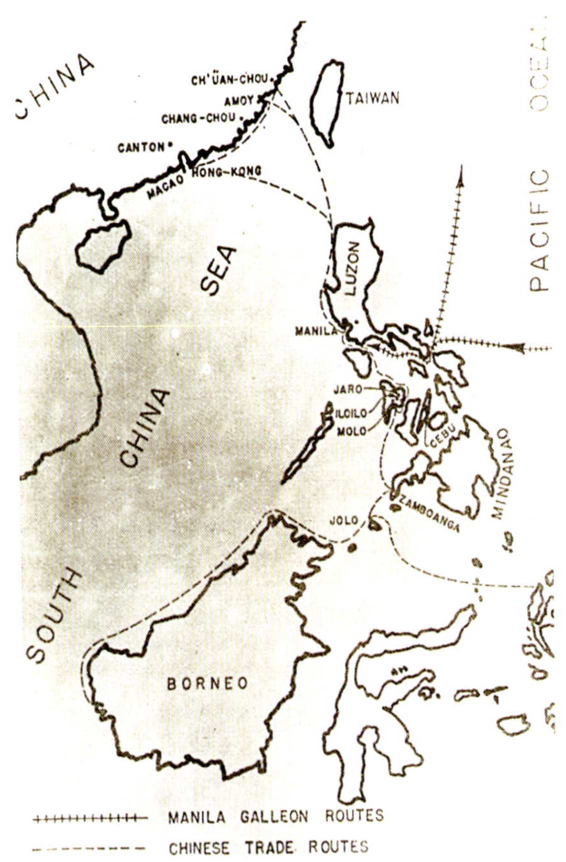

早期中菲贸易航线图

早期前往马尼拉的中国帆船

1571 年，西班牙占领了吕宋国马尼拉，将华商的居住地限制在城堡火炮射程之内的城门口外的巴里安。为了将中国商船从漳州月港运来的中国商品运往美洲殖民地，从 16 世纪后期开始，西班牙从墨西哥派遣大帆船到马尼拉，用美洲的白银购买中国商品（主要为生丝及丝织品）运往墨西哥、秘鲁、巴拿马等地，福建漳泉地区的商船也源源不断地携带大量的生丝、绸缎、陶瓷器以及铜铁器等货物到马尼拉交换墨西哥白银，这种横跨太平洋的贸易方式被称为马尼拉大帆船贸易。马尼拉大帆船贸易自 1565 年开始，1815 年结束，每两年往返一次，持续了两个多世纪。

1619 年马尼拉及马尼拉湾

1710 年马尼拉城堡城门外的华人居住区巴里安街景

1684 年的马尼拉港

（四）万丹（下港）

万丹位于印度尼西亚爪哇岛最西部，隔巽他海峡与苏门答腊岛相望，明代张燮《东西洋考》中称万丹为“下港”。

16 世纪后期，为躲避葡萄牙人的干扰，自北南来的中国商人（主要是福建海商）避开马六甲直接驶往爪哇，贸易航线的这一改变，促成了邻近巽他海峡的西爪哇万丹港口的迅速崛起。大批中国商人商船前来贸易，万丹港从原先地方性的胡椒出口港一跃成为当时东西方海上贸易的中心，这一地位，直到 17 世纪 20 年代才逐渐被荷兰东印度公司的巴达维亚取代。

東西洋考卷三

明龍溪張燮紹和著　　三原李錫齡孟熙校刊

西洋列國考

下港　加留吧

下港一名順塔唐稱闍婆在南海中者也一名訶陵亦曰社婆元稱爪哇（一統志又名蒲家龍）甲兵爲諸番之雄王宮甎墉高三丈方三十餘里屋高四丈（宋史曰室宇壯麗飾以金碧）地覆板蒙藤花蓆跏趺而坐（唐書曰象牙爲牀若席）王蓬頭頂金葉冠胷嵌絲帨腰束錦綺佩短刀跣足跨象或乘牛前導有金鎗珠旄及孔雀尾織之屬（宋史曰其王椎髻戴金鈴衣錦袍躡革履坐方牀官吏日謁三拜而退出入乘

東西洋考卷三　一　惜陰軒叢書

《东西洋考》关于万丹（下港）的记载

1670 年的万丹港外景

万丹的中国商人（荷兰铜版画，1646 年）

1673 年万丹的主要居民，从左到右：阿拉伯人、爪哇人及中国商人

（五）噶喇吧（巴达维亚）

噶喇吧，又名巴达维亚，即今印度尼西亚首都雅加达，位于印度尼西亚爪哇岛的西北海岸，曾是万丹国的属地，原名巽他·加拉巴。从万丹（下港）到噶喇吧，“半日程可到，风土尽相类云”。噶喇吧为马来语 Kelapa 之音译，意为椰子。清代旅居噶喇吧多年的福建漳州籍归国华侨程逊我《噶喇吧纪略》一书中有载：“番人谓椰为噶喇吧。中国自明宣德时太监王三保下西洋，因其地多椰树，故名。”清代王大海《海岛逸志》中亦载：“椰名噶喇吧，吧国地多椰，华人因称噶喇吧。”雅加达至今依然保留有“椰城”的别称。

噶喇吧紀略

矍然而喜又覩君所以自敘以負米之窮兼多宿逋萬死一生冀得少償度藜藿稍給即賦遄歸雖臨卭之招不以屑意孝義之節堅於金石未嘗不咨嗟感歎重其爲人君詞學淹雅儕輩所推舉於鄉不三年而歿未竟厥地其遺文亦無從多見然寥寥一卷君之閱歷在焉君之操履在焉且可裨誌乘資博聞亦其生平精神所托以不朽者也君叔桂林將成君之志而付諸梓因耕南劉君以語於予遂書其後而歸之世有徵斯紀者其必有以知君矣乾隆戊辰年孟秋晉亭李賓賛題

噶喇吧紀略 番人謂椰爲噶喇吧中國自明宣德時太監王三保下西洋因其地多椰樹故名在爪鴉則曰二噶礁喇在荷蘭則曰目兜子蓋不相同云

《噶喇吧纪略》书影

噶喇吧（巴达维亚）在爪哇岛的地理位置示意图

1619 年，荷兰占领噶喇吧，将它作为荷兰东印度公司的大本营，改名为巴达维亚，明清时期的中国史籍中简称其为“吧国”或“吧城”。荷兰人占领巴达维亚之后，采取各种手段威逼利诱中国商人商船前来贸易，力争将巴达维亚打造成为国际性的贸易港口。自明万历末年到清顺治初年，“每有厦门巨艚船载万余石，赴葛剌巴及钑马廊埠头”。

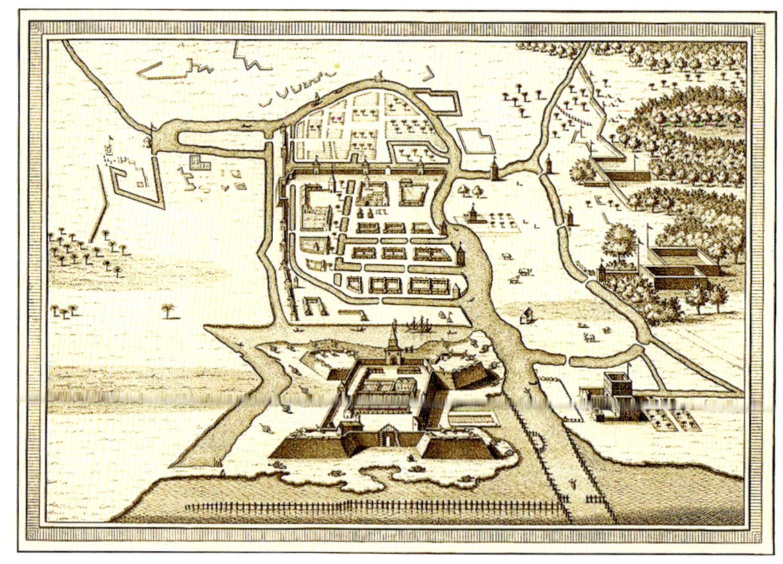

1629 年的巴达维亚

1656 年前后的巴达维亚

1704 年停泊在巴达维亚外港的中国帆船

1726 年的巴达维亚港外景

清康熙二十三年（1684）开放“海禁”后，巴达维亚既是福建乃至中国海外贸易最主要的港口之一，也是华人往东南亚地区移民最为集中的地方。从厦门扬帆启程前往巴达维亚，“于冬至后厦岛开棹”，“计水程二百八十更，每更五十里，约一万四千里可到”，“二十余日可达，吧城连阛设肆，夷民互市，贵贱交易，所谓利尽南海者也”。尽管海途遥远，往来商船依然络绎不绝。

18 世纪中期在巴达维亚外港停泊的船只

从清雍正末年到乾隆初年，中国与巴达维亚海外贸易达到了鼎盛时期，平均每年驶抵巴达维亚的中国帆船达 17 艘之多。与此同时，移居巴达维亚的华侨人数也达十余万。时人有云：往贩南洋，“惟噶喇吧一国为最远，亦惟噶喇吧贸易为最盛”。

1740 年，荷兰人在巴达维亚制造了惨绝人寰的“红溪惨案”，巴达维亚城内华人被屠杀殆尽，总计死伤一万余人，中国与巴达维亚的贸易由此趋于衰落。1811 年至 1815 年英国人占领爪哇期间，中国与巴达维亚的贸易再度兴盛。1816 年荷兰人恢复了对爪哇的殖民统治后，双方贸易又走向衰落。特别是 19 世纪 20 年代英国占领新加坡后，随着新加坡开埠并迅速崛起，中国帆船大多驶往新加坡。到 19 世纪 30 年代之后，新加坡彻底取代了巴达维亚作为东南亚最大的贸易货物集散中心的地位。

停泊在巴达维亚锚地的中国帆船

（六）文莱

文莱，古称渤泥（浡泥），地处加里曼丹岛西北部，北濒中国南海。

早在唐代，中国与渤泥就有贸易往来。据清代福建晋江人蔡永蒹所撰《西山杂志》记载，唐开元八年（720），晋江东石人林銮“试舟到渤泥，往来有利，沿海畲家人俱从之往，引来蕃舟”。据此可知，唐代时，福建泉州地区就与文莱乃至婆罗洲有十分频繁的海上贸易往来。

北宋太平兴国二年（977），渤泥国首次前来宋朝朝贡。元丰五年（1082），渤泥国复遣使宋朝贡献方物，“其使乞从泉州乘海舶归国，从之”。

明初是中国与渤泥国往来最为频繁的时期，其中又以福建与渤泥的交往最为密切。洪武八年（1375），明朝诏渤泥山川之神，附祭于福建山川位次。同时，明朝出访渤泥的使节也大多由福建泉州发船前往。1511年葡萄牙人占据马六甲之后，马六甲的穆斯林商人将总部迁往渤泥，使渤泥成为东南亚贸易中心之一。

諸蕃志　卷上
紅皮鞋教度與大食國一同王每出入乘馬以大食
佛經用一函乘在駱駝背前行管下五百餘州各有
城市有兵百萬出入皆乘馬人民食餅肉有麥無米
牛羊駱駝菓實之屬甚多海水深二十丈產珊瑚樹
渤泥國
渤泥在泉之東南去闍婆四十五日程去三佛齊四
十日程去占城與麻逸各三十日程皆以順風爲則
其國以板爲城城中居民萬餘人所統十四州王居
覆以貝多葉民舍覆以草王之服色略倣中國若裸
體跣足則臂佩金圈手帶金鍊以布纏身坐繩床出

《诸蕃志》关于渤泥国的记载

故必緘固甚密不令得見若紅毛人見有佛郎機所需貨
怒亦如之解紛之後稍息睚眦然一淵兩蛟商彼者亦難
矣
文萊
文萊卽婆羅國東洋盡處西洋所自起也唐總章二年王
旃達鉢遣使者與環王使者偕朝自後久絕永樂四年遣
其臣勿黎哥來朝并貢方物賜王及妃文綺俗傳今國王
爲閩人隨鄭和征此留鎮其地故王府旁舊有中國碑先
年曾爲佛郎機所逐國人走山谷中放藥水流出毒死佛
郎機無數佛郎機遂奔呂宋其地故有一石城一木城從

《东西洋考》关于文莱的记载

古代文莱首都（水村）局部（一）

古代文莱首都（水村）局部（二）

在明朝后期漳州月港的东西洋贸易中，文莱是当时福建海商东洋贸易航线的终点站。“文莱国即婆罗国，此东洋最尽头，西洋所自起也，故以婆罗终焉。”清康熙二十三年（1684）开“海禁”之后，在相当长的一段时期之内，福建厦门及台湾等东南沿海地区与文莱依然保持着固定的贸易航线和定期的贸易往来。一直到19世纪初期，每年仍有四至五艘载重量在500吨—600吨的中国帆船从厦门等地前往文莱进行通商贸易。

（七）新加坡

新加坡地处马来半岛南端之马六甲海峡的东侧，扼太平洋与印度洋之咽喉，具有相当重要的战略地位，自古以来就是东西方海上交通的重要枢纽。

新加坡及马六甲海峡位置示意图

畢死者十八九間存一二爾多羸弱之舟駕舟隨風回船或時風恬浪息黃昏之際則狂蕩唱歌搖櫓夜半則添炬燁燿使人魂遊而膽寒吁良可畏哉然則其地互市雖有萬倍之利何益昝柳子厚謂海賈以利易生觀此有甚者乎

龍牙門

門以單馬錫番兩山相交若龍牙門中有水道以間之田瘠稻少天氣候熱四五月多淫雨俗好劫掠昔酋長掘地而得玉冠歲之始以見月為正初酋長戴冠披服受賀今亦遞相傳授男女兼中國人居之多椎髻穿短布衫繫青布捎産粗降眞斗錫貿易之貨赤金青緞花布處磁器鐵鼎之類蓋以山無美材貢無異貨以通泉州之貿易皆剽竊之物也舶往西洋本番置之不問回船之際至吉利門

島夷志略

知服齋叢書

《岛夷志略》关于龙牙门的记载

龙牙门因耸立于笈巴海峡入口处南边、形似龙牙的峭石而得名

元代《岛夷志略》称新加坡为“单马锡”，同时将今笈巴海峡称为“龙牙门”，当时岛上已有华人居住，并与福建泉州有通商贸易往来。明代《郑和航海图》中称新加坡为“淡马锡”。

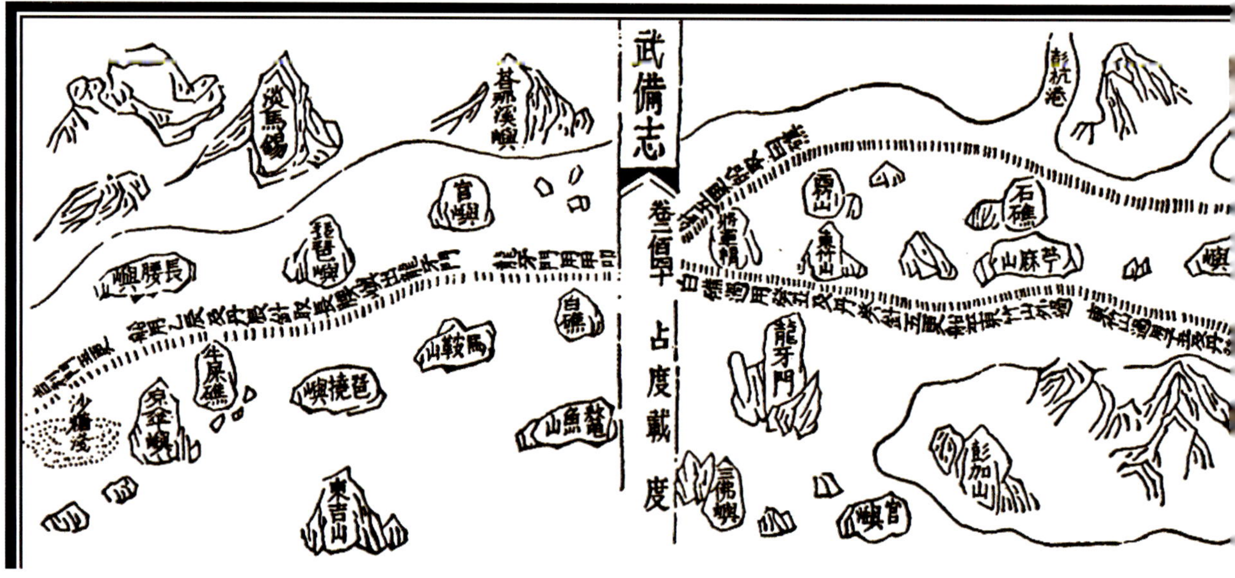

《郑和航海图》中淡马锡、龙牙门航段针路图

1819 年，英国人占领新加坡，并将其开辟为自由港。作为一个新开辟的自由贸易港，新加坡自开埠就吸引了众多中国商船前来通商贸易，尤其是来自福建的商人和移民。1821 年 2 月，第一艘来自厦门的中国帆船驶抵新加坡，首开新加坡开埠后中国与新加坡直接贸易往来的纪录。来自厦门等地的中国帆船不仅带来了诸如丝、茶、陶瓷器等大量的日常生活用品，而且还运载了为数众多的沿海居民前往新加坡等地谋生。

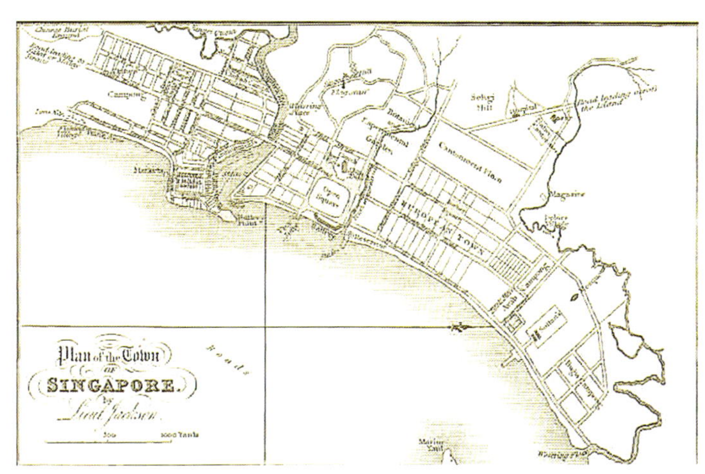

1822 年英国绘制的新加坡港区发展规划图

1825 年前后停泊在新加坡码头的红头船（广东船）

1826 年停泊在新加坡港的中国帆船

1890 年代新加坡维多利亚港码头

1900 年前后新加坡河的哥烈码头

随着贸易往来的日渐频繁，前往新加坡等地谋生的中国移民数量不断增多，为开埠初期的新加坡社会及经济发展注入了新的活力。到19 世纪 30 年代，新加坡逐渐取代巴达维亚一跃成为当时东南亚最大的贸易货物集散中心。鸦片战争以后，西方殖民者在中国大肆掳掠贩卖华工，新加坡是当时东南亚地区华工的一大集散中心。运到新加坡的华工，除部分转运到其他地方之外，大部分都留在新加坡从事筑港、筑路、修船、城建等基础性的营造工作，成为新加坡港口以及城市建设劳动力的主要来源。

20 世纪初停泊在新加坡河口的中国帆船

第二节　历史上福建与东南亚贸易往来的主要商品

唐及五代时期，随着泉州港的兴起，福建的海外贸易日渐繁荣。到了宋元时期，泉州港已发展成为当时中国乃至世界上最大的商港，海外贸易的范围十分广泛，涵盖了亚非海上贸易的主要港口，其中，东南亚地区占据了相当重要的地位，双方展开了种类繁多的货物商品交易。明清时期福建与东南亚地区进出口贸易的商品货物，无论在种类还是数量上都远胜前代。

一、出口商品货物

福建海外贸易出口商品货物种类大致可分为帛布、陶瓷、农副产品及金属制品等四个大类，其中，丝绸、陶瓷器和茶叶是福建海外贸易出口商品中最主要的大宗货物。

（一）帛布

帛布类可以分为帛类和布类。

帛类，即丝、绸、绢、缎等丝绸产品的总称。据《诸蕃志》及《岛夷志略》记载的不完全统计，宋元时期泉州出口的丝绸类商品货物品种名目繁多，计有锦绫、缬绢、皂绫、白丝等20多个花色品种。

锦绫

缬绢

绸缎

白丝（生丝）

明代福建商人向东南亚当地酋长展示丝绸等货物图

明代后期漳州月港开禁后，福建海商每年从月港发船将大量的生丝及丝绸产品运往包括马尼拉在内的东南亚各地，使得当时马尼拉的西班牙殖民者如愿以偿地通过大帆船贸易，将大量中国生丝及丝绸产品从马尼拉市场转运至美洲和欧洲各地。

布类包括棉布、苎布、葛布、麻布、丝布等各种布匹。根据《诸蕃志》及《岛夷志略》的记载，宋元时期由泉州港运销海外的布类计有青布、青白土印布、绿布、水绫丝布等等。这些外销的各色布类大多为泉州本地或福建他地所产。

青布

青靛包

青白土印布

蓝靛

至于染制各色布匹的染料，则有蓝（青）靛、红花、紫草等。据《八闽通志》记载，蓝（青）靛、紫草、红花，以上三种蓝、紫、红布匹染料，福建各地皆有。

宋代晋江磁灶窑绿釉印花碟

宋代同安窑青瓷碗

（二）陶瓷器

陶瓷器方面，根据《诸蕃志》及《岛夷志略》的记载，有青白瓷器、青瓷器、五色琉璃珠、粗碗、青白花碗、青白处州瓷器、瓦垒、青白花瓷器、花碗、青白碗、大小水埕、小罐、大小埕瓮、瓦瓮、青处器、瓷器盘、青盘、乌瓶、青色烧珠、瓷壶瓶等等。

元代德化窑青白釉洗

宋代德化窑白釉刻花大碗

菲律宾发现的宋元时期的磁灶窑酱釉龙纹罐

菲律宾发现的宋元时期的磁灶窑青釉铁斑执壶

宋代磁灶窑酱釉军持

元代磁灶窑绿釉军持

宋代磁灶窑黑釉剔花香炉

在上述陶瓷品种中，除一些标有地名的陶瓷器，诸如处州瓷器、青处瓷、青白处州瓷器之外，其余大多数是福建本地的产品。福建晋江、安溪、德化等一些与外销瓷器有关的窑址的考古发掘资料也表明，在东南亚及南亚等地发现的中国宋元时代的白瓷、青瓷，有相当一部分是福建本地的窑口烧制的。

宋代青白釉划花花口瓶

明代漳州窑青花瓷碗

明代漳州窑青花凤凰花卉纹盘

明代，中国产的陶瓷产品仍然源源不断地销往东南亚地区，广受东南亚各地人们的喜爱和追捧，成为当地人竞相交易的货物。明初跟随郑和下西洋的费信在其所著《星槎胜览》一书“满刺加国”条中，留下了满刺加国人喜爱和交换中国青白瓷器和色绢的记载。在郑和另一位随员马欢撰著的《瀛涯胜览》一书中，也记载了爪哇国人“最喜中国青花瓷器”。

明代漳州窑五彩双凤卷云纹大盘

明代漳州窑青花花卉纹盒

明代漳州窑五彩花卉纹盖罐

明代漳州窑青花花卉纹盖罐

明代漳州窑青花云龙纹梅瓶

明代漳州窑五彩洞石花卉麒麟纹罐

明代漳州窑青花双龙纹四系罐

明清时期，曾经远销和蜚声海外诸国但却被国内外学者称为“汕头器”“克拉克瓷”“交趾瓷”“华南三彩”的外销瓷器，实际上其产地在福建漳州。漳州窑是对明清时期漳州地区窑业的总称，其窑址分布于平和、漳浦、南靖、云霄、诏安、华安等县，以平和的南胜、五寨地区窑址最为集中和最具代表性。20 世纪 80 年代以来，考古工作者经过多次对漳州窑址的考古调查发现，漳州窑出土的瓷器有彩瓷和色釉瓷两大种类，其中以青花瓷为最多。

漳州窑瓷器的器形主要有碟、盒、罐、瓮、大盘、盘、碗、瓶、器盖等，纹样丰富多样，主要有珍禽、花草、杂宝、山水、楼阁、人物、瑞兽、吉祥文字等，还有一些瓷器的纹样中西合璧，在碗、盘边沿用锦地开光做装饰，中心用主题纹饰，颇具异域风情。

陶瓷器大量外销，在一定程度上有助于改善当地人民的生活条件。据明代张燮《东西洋考》记载，加里曼丹岛（婆罗洲）文郎马神（马辰）的人民“初盛食以蕉叶为盘，及通中国，乃渐用瓷器。又好市华人磁瓮，画龙其外，人死，贮瓮中以葬”。由此可知，在东南亚一些土著居民的日常生活中，陶瓷器逐渐替代了植物叶子，成为他们盛放食物的主要器具。此外，在东南亚部分地区，一些部族还将中国陶瓷器视为财富的象征，成为衡量财富多寡、社会地位及声望高低的重要标志，甚至将陶瓷器作为殉葬品或葬具。时至今日，在加里曼丹岛土著居民海达雅克人（伊班人）居住的干栏式长屋中，仍然保留有不少明清时期的龙纹陶瓮和青花龙纹瓮。龙纹陶瓮的主产地为福建晋江的磁灶和广东佛山的石湾，而青花龙纹瓮则主要来自福建的漳州窑。

宋元时期晋江磁灶窑龙纹瓮

明代漳州窑青花龙纹瓮

中国的陶瓷还进入了东南亚一些地区的宗教生活中，比如宗教建筑上精美的瓷雕装饰材料，以及信徒日常生活中的必需品。明代以来大量出口到东南亚地区的青花军持（梵文音译，意为净水瓶或澡罐）和五彩军持，就是专供伊斯兰教徒在念诵《古兰经》前用来盛水洗手的用具，是穆斯林不可或缺的宗教器皿。

明代漳州窑酱地白花鸟军持

明代漳州窑青花花鸟纹军持

明代漳州窑五彩花卉纹军持

据估计，明清之际，每年运往巴达维亚的中国瓷器就有15万件之多。进入清代后，从厦门出口到东南亚的陶瓷品种大多为日用陶瓷器，据英国东印度公司的官员克劳福的观察，东南亚人民及华侨对中国日用陶瓷器的需求量巨大，其中以蓝白图案的瓷器为最。据清代程逊我所著《噶喇吧纪略》记载，18世纪初期巴达维亚城内就有一条专门销售中国日用陶瓷器的"碗街"。日用陶瓷器大量销往东南亚是明清时期中国瓷器外销的一大重要变化，说明当时中国瓷器已开始普遍进入东南亚普通民众家庭。

清代福建商人在南洋以瓷器、丝绸交换当地物产

18世纪30年代巴达维亚华人开的瓷器店

从1752年沉没的荷兰东印度公司沉船"海尔德马尔森号"上打捞出来的清代漳州窑瓷器

（三）茶叶

中国是茶叶的故乡，种茶和制茶技术均起源于中国。虽然早在唐代中国的茶叶就已通过陆上丝绸之路传播到西域诸国，日本的遣唐僧也将饮茶习俗及制茶技术传入日本，但是茶叶通过海上贸易大量外销，传播至海外各国，成为一种风靡全世界的中国饮料，则是从明清时期开始的。

武夷山茶园

安溪茶园

明清时期，中国茶叶的外销以海路为主。东南亚人民称茶叶为 Te，荷兰语称茶叶为 Thee，英语称茶叶为 Tea，均源自于福建闽南话 Tay 的发音。之所以如此，不仅仅因为贩运茶叶至海外各国的中国商人大多为福建商人，也缘于福建是中国茶叶的主产地之一。福建早在宋代就以建安（今建瓯）的北苑贡茶和用黑釉盏斗茶而闻名。到了明清时期，福建茶叶的种植与制作进入了一个新的发展时期，茶叶品种齐全，有红茶、绿茶、乌龙茶、白茶四大类，其中以乌龙茶最负盛名。

武夷岩茶

安溪铁观音

乌龙茶亦称青茶，属半发酵茶，即制作时适当发酵，使叶片稍稍变红，是介于绿茶与红茶之间的一种茶。这种半发酵的乌龙茶大约在明末清初发源于闽北的武夷山，故又称“武夷茶”。而后乌龙茶逐渐由北向南传播至闽南安溪等地。到了清代中期以后，福建乌龙茶已形成了粗具规模的以武夷茶为代表的闽北乌龙茶区和以安溪为代表的闽南乌龙茶区，其中，闽北乌龙茶以武夷岩茶最为著名，闽南乌龙茶则以安溪铁观音为代表。

清代出口茶叶装箱图（1800年）

清雍正五年（1727），清政府解除南洋贩贸禁令，并在厦门设立洋行，经理福建商民贩洋贸易事宜，于是，“贩夷洋船准载土产、茶叶、碗、伞等货，由海关汛口挂验出口，贩往各番地兑换燕菜、呢羽等物”。此后，厦门前往东南亚各地贸易的商船，均以茶叶为其运载出口的最大宗货物。当时荷兰、英国等国商船不仅直接前来采购中国茶叶，而且也从在东南亚各地贸易的中国商船那里购置大量茶叶转运至欧洲。清道光十九年（1839），一艘驶抵新加坡的福建商船上所运载的茶叶数量就多达一万箱。

福建天山绿茶

罗源七境堂绿茶

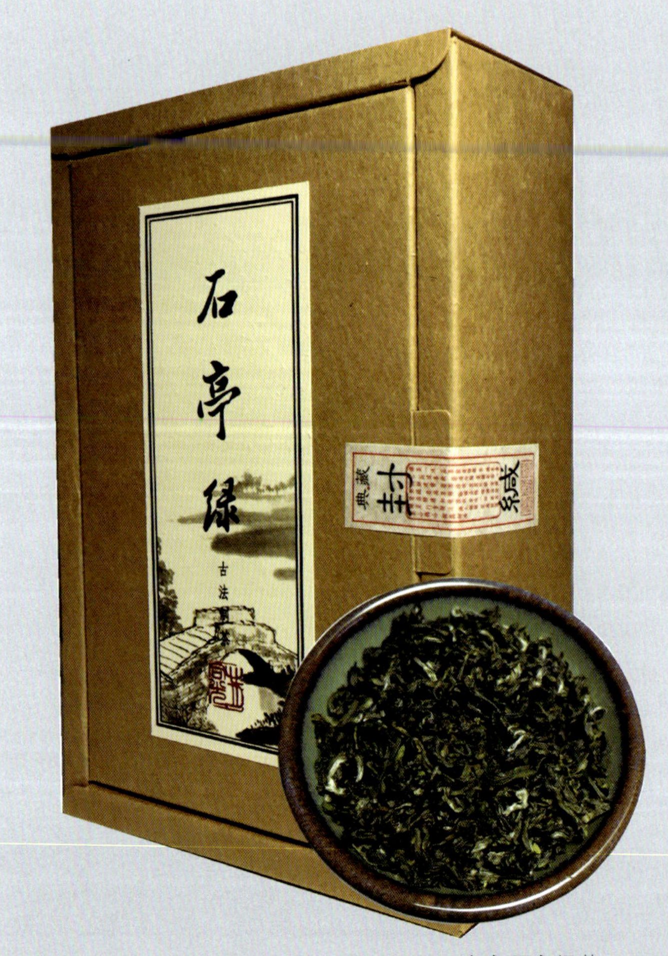

南安石亭绿茶

绿茶是指采取茶树的新叶或芽，无需发酵，经过杀青、整形、烘干等工艺制作而成的茶。福建各地均出产绿茶，产量十分可观。早期福建出口的茶叶以绿茶（松萝茶）为主，虽然后来绿茶逐渐被乌龙茶（武夷茶）取代，但它仍是出口到东南亚地区的主要茶叶品种之一。福建南安的石亭茶，清末时就远销到马来西亚、新加坡、缅甸、菲律宾等国。

福安坦洋工夫红茶

红茶属全发酵茶，是以适宜的茶树新芽叶为原料，经萎凋、揉捻（切）、发酵、干燥等一系列工艺精制而成的茶。据史料记载，福建红茶的制法发明于明末清初，鼎盛于清咸丰、同治年间。福建红茶分为工夫与小种两类。福建工夫红茶有闽北的政和工夫茶、闽东的福安坦洋工夫茶和福鼎白琳工夫茶三大品种。清末时，福建工夫茶就大量出口至东南亚各国，为海外华侨所喜爱。小种红茶最著名的是福建武夷山正山小种，作为外销武夷红茶中的一个品种，小种红茶早在17世纪初就已出口海外并远销到欧洲，曾经被英国王室选为皇家红茶。

政和工夫红茶

武夷山正山小种红茶

白茶属于微发酵茶，是指采摘后不经杀青或揉捻，只经过晾晒而后用文火干燥加工而成的茶。福建白茶主要产地为福鼎、建阳、政和、松溪等地，最著名的品种为白毫银针。清末时，白毫银针就已成为福建出口到东南亚地区的主要茶叶品种之一。

随着中国茶叶的大量外销，以及饮茶风气在欧洲各国的盛行，荷兰人从19世纪初期就曾多次派人到福建将茶籽带到爪哇岛试种，虽几经挫折，终于在19世纪末取得了成功，并发展成为印度尼西亚爪哇岛的一大种植产业。与此同时，英国人也在印度和斯里兰卡试种中国茶树，并引进福建红茶的制作技术。从此以后，茶叶种植与制茶业在印度以及斯里兰卡等地也迅速发展起来，成为当地种植业中的一大支柱产业。

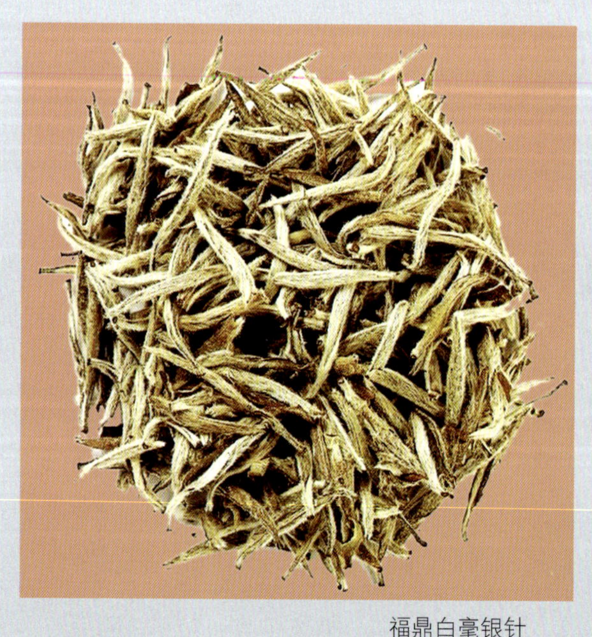

福鼎白毫银针

政和白牡丹

二、进口商品货物

福建与东南亚历史上贸易往来中的进口商品货物品种繁多，按其种类大致可分为香药类、珍宝类、矿产类、食品杂货类四大类。宋元时期，香药类产品是福建乃至中国从东南亚地区进口的最大宗商品货物。到了明清时期，尽管香药类产品仍是福建从东南亚进口的大宗商品货物，但食品杂货类中的大米、西米、山珍海味干货，以及竹布、番布、纹席等产品，矿产类中的银、铜、锡、铅等产品，也在进口商品货物中占据了一定的份额。

（一）香药类

香药是宋元时期福建从东南亚地区进口的最大宗商品货物。这些香料大多产自东南亚地区。即使是一些产自西亚大食国的香料，诸如乳香、没药、苏合香油、栀子花等，据宋代赵汝适《诸蕃志》"大食国"条记载，也大多是通过东南亚尤其是经由苏门答腊岛的三佛齐国转口至福建泉州港的。

可以切玉又有旃檀等香甘蔗石蜜諸果歲與大秦扶南貿易以齒貝爲貨俗工幻化有弓箭甲矟飛梯地道及木牛流馬之法而怯於戰鬬善天文算歷之術皆學悉曇章書（以下闕七字）以貝多樹葉爲紙唐貞觀天授中嘗遣使入貢雍熙間有僧囉護哪航海而至自言天竺國人番商以其胡僧競持金繒珍寶以施僧一不有買隙地建佛刹于泉之城南今寶林院是也

大食國

大食在泉之西北去泉州最遠番舶艱於直達自泉發船四十餘日至藍里博易住冬次年再發順風六十餘日方至其國本國所產多運載與三佛齊貿易賈轉販以至中國其國雄壯其地廣袤民俗侈麗甲於諸番天氣多寒雪厚二三尺故貴氊毯國都號蜜徐籬（或作麻囉拔）據諸番衝要王頭纏織錦番布朔望則戴八面純金平頂冠極天下珍寶皆施其上衣錦衣繫玉帶躡間金履其居以瑪瑙爲柱以緑甘（石之透明如水晶者）爲壁以水晶爲瓦以碌石爲塼以活石爲灰帷幕之屬悉用百花錦其錦以眞金線夾五色絲織成檯榻飾以珠寶堦砌包以純金器皿鼎竈雜用金銀結

《诸蕃志》关于大食国的记载

1. 沉香

沉香又名沉水香，是一种含有树脂的木材，多呈盔帽形、片状或棒状，外形极不规则。表面褐色，常有黑色与黄色交错的纹理，平滑光润。其材质坚实、沉重，难以折断，破开则呈灰褐色。燃烧时有油渗出，香气浓烈。沉香具有强烈的抗菌效能，香气入脾，同时具有清神理气、补五脏、止咳化痰、暖胃温脾、通气定痛等功效，能入药，是上等药材。此外，沉香的木材、树头和树根都可用来制作高级线香，用于拜祭和熏香。《诸蕃志》中有记载。

沉香枝叶及果实

沉香树干

薔薇水大食國花露也五代時番使蒲謌散以十五缾效貢厥後罕有至者今多採花浸水蒸取其液以代焉其水多僞雜以琉璃缾試之翻搖數四其泡周上下者爲真其花與中國薔薇不同

沉香

沉香所出非一真臘爲上占城次之三佛齊闍婆等爲下俗分諸國爲上下岸以真臘占城爲上岸大食三佛齊闍婆爲下岸香之大槩生結者爲上熟脫者次之堅黑者爲上黃者次之然諸沉之形多異而名亦不一有如犀角者謂之西角沉如燕口者謂燕口

《诸蕃志》关于沉香的记载

2. 龙脑香

龙脑香又称脑子、冰片、片脑，为龙脑香树的树脂中析出的天然结晶性化合物。龙脑香性凉清热，具有解毒止痛之功效，是中医五官科常用之药品。宋代赵汝适《诸蕃志》中有记载，明代黄衷《海语》一书中亦有记载，片脑以渤泥国者为佳。

龙脑香

龙脑香树

諸蕃志卷下

宋 趙汝适 撰 綿州 李調元 雨村 校

志物

腦子

腦子出渤泥國（一作佛尼）又出賓窣國世謂三佛齊亦有之非其產也其國據諸蕃來往之要津遂截斷諸國之物聚於其國以俟蕃舶貿易耳腦之樹如杉生於深山窮谷中經千百年支幹不曾損動則剩有之否則腦隨氣泄土人入山採腦須數十爲羣以木皮爲衣賫沙糊爲糧分路而去遇腦樹則以斧斫記至十餘

株然後截段均分各以所得解作板段隨其板傍橫裂而成縫腦出於縫中劈而取之其成片者謂之梅花腦以狀似梅花也次謂之金脚腦其碎者謂之米腦碎與木屑相雜者謂之蒼腦取腦已淨其杉片謂之腦札今人碎之與鋸屑相和置瓷器中以器覆之封固其縫煨以熱灰氣蒸結而成塊謂之聚腦可作婦人花環等用又有一種如油者謂之腦油其氣勁而烈秪可浸香合油

乳香

乳香一名薰陸香出大食之麻囉拔施曷奴發三國

《诸蕃志》关于龙脑香的记载

3. 降真香

降真香又名紫藤香、鸡骨香，简称降香，为木质藤本植物受伤后分泌油脂修复伤口所结的香料。古人云：降真香“烧之能引鹤降，功力极验，故名降真”。降真香既可作为焚香辟除宅舍邪气，亦可作为佩香随身辟邪恶气。作为医用药物，降真香具有镇痛、止血、抗菌、消炎等功效。自唐宋以来，降真香在宗教以及香药文化中占有重要地位，也是人们不可或缺的日常用品。赵汝适《诸蕃志》对此有所记载。

降真香树

肉荳蔻出黄麻駐牛崙等深番樹如中國之栢高至十丈枝榦條枚蕃衍敷廣蔽四五十人春季花開採而曬乾今荳蔻花是也其實如榧子去其殼取其肉以灰藏之可以耐久按草本其性温

降眞香

降眞香出三佛齊闍婆蓬豐廣東西諸郡亦有之氣勁而遠能辟邪氣泉人歲除家無貧富皆爇之如燔柴然其直甚廉以三佛齊者爲上以其氣味清遠也

一名曰紫藤香

麝香木

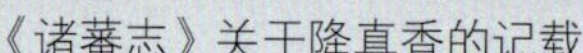

《诸蕃志》关于降真香的记载

降真香枝叶及花

降真香（成品）

檀香枝叶及果实

檀香木（心材）

檀香树干

4. 檀香

檀香为檀香科植物，具有强烈的香气，既是名贵药材和香料，也是雕刻良材。檀香树可谓全身是宝，树干的心材是名贵的中药，树根部、主干碎材可以提炼檀香精油，枝条碎屑可用于制作香盘、焚香的原料。作为药材，檀香具有理气、和胃的功效，主治心腹疼痛、噎嗝呕吐、胸膈不舒诸症。

母丁香

公丁香

5. 丁香

丁香又名丁子香、鸡舌香，盛产于印度尼西亚、斯里兰卡等地，为丁香属植物树上的花蕾，干燥后广泛用于烹饪用香料，也可以作为药材。中医以丁香花蕾为公丁香，其成熟的果实为母丁香，两者的功效、主治功能基本相似，但公丁香药力足，母丁香药力较弱，通常以公丁香入药。丁香性温，味辛，具有温中、暖肾、降逆的功效。从丁香中提炼的丁香油也是一种重要的香料药物，既可用于治疗烧伤，也可作为牙科的止痛剂。

黑者其氣尤勝謂之夾箋黃熟夾箋[illegible][illegible]香之上
品
生香
生香出占城眞臘海南諸處皆有之其直下
乃是斫倒香株之未老者若香已生在木內則謂之
生香結皮三分爲暫香五分爲速香七八分爲熟香
十分即爲沉香也
檀香
檀香出闍婆之打綱底勿二國三佛齊亦有之其樹
如中國之荔支其葉亦然土人斫而陰乾氣清勁而
諸蕃志　卷下
易泄爇之能奪衆香色黃者謂之黃檀紫者謂之紫
檀輕而脆者謂之沙檀氣味大率相類樹之老者其
皮薄其香滿此上品也次則有七八分香者其下者
謂之點星香爲雨滴漏者謂之破漏香其根謂之香
頭
丁香
丁香出大食闍婆諸國其狀似丁字因以名之能辟
口氣郎官咀以奏事其大者謂之丁香母丁香母即
雞舌香也或曰雞舌香千年棗實也

《诸蕃志》关于檀香和丁香的记载

胡椒藤叶及果实

6. 胡椒

胡椒属木质攀援藤本植物，通常雌雄同株。胡椒既是调味香料也是医用药物，具有镇静、温中散寒、下气、健胃、止痛、消炎、解毒等功效，主治风寒感冒、脘腹冷痛、呕吐腹泻、食欲不振等症。

胡椒有黑胡椒与白胡椒之分，区别在于黑胡椒是在果实刚成熟呈暗绿色时采收，果实连皮晒干；白胡椒则是在果实熟透呈红色时采收，用水浸泡数日，去皮晒干。

白胡椒

黑胡椒

白豆蔻

白豆蔻出真臘闍婆等番惟真臘最多樹如絲瓜實如葡萄蔓衍山谷春花夏實聽民從便採取

胡椒

胡椒出闍婆之蘇吉丹打板白花園麻東戎牙路以新拖者為上打板者次之胡椒生於郊野村落間亦有界闌中國之葡萄土人以竹木為棚闌開花四月結實花如鳳尾其色青紫五月收採曬乾藏之倉廩次歲方發出以牛車運載博易其實不禁日而耐雨旱則所入者寡潦則所入倍常或日南毗無離拔國至多番商之販於闍

《诸蕃志》关于胡椒和白豆蔻的记载

白豆蔻（果仁）

爪哇白豆蔻

7. 白豆蔻

白豆蔻为姜科多年生草本植物山豆蔻、爪哇豆蔻的果实，按产地不同分为原豆蔻和印尼白蔻。原豆蔻主产于柬埔寨、泰国，印尼白蔻主产于印尼爪哇岛。《诸蕃志》有载：“白豆蔻，出真腊、阇婆等番，惟真腊最多。”无论是原豆蔻还是印尼白蔻，均以完整、壳薄、种仁饱满、气味浓者为佳。白豆蔻的主要用途在于入药，具有化湿行气、温中止呕、开胃消食的功效，主治胸闷不饥、寒湿呕逆、胸腹胀痛、食积不消诸症。

白豆蔻图谱

肉豆蔻枝叶及果实

肉豆蔻（果仁）

肉豆蔻图谱

8. 肉豆蔻

肉豆蔻为豆蔻科植物，原产于东南亚香料群岛中的马鲁古群岛。肉豆蔻性味辛温，气香浓烈。作为医用药物，具有温中行气、涩肠止泻、暖脾胃、助消化、消食除积的功效。其种仁入药，可治虚泻冷痢、脘腹冷痛、呕吐等，外用可作寄生虫驱除剂，治疗风湿痛等。用作调味香料，肉豆蔻可去异味、增辛香，常与花椒、丁香、陈皮等调料配合使用。

9. 苏木

苏木又名苏枋木，俗名赤木、红柴，为豆科植物苏木的干燥心材，原产东南亚的中南半岛以及南亚的印度、斯里兰卡等地。在中国古代，苏木既是医用的药材亦是纺织品的染料。作为医用药材，苏木具有祛痰、止痛、活血、散风之功效，主治经闭痛经、产后瘀阻、胸腹刺痛、外伤肿痛诸症。作为纺织品染料，苏木为天然的红色系染料，可以对天然的毛麻丝棉等纺织品进行染色，尤其在丝绸的印染上可以呈现出鲜艳的大红色。

宋代赵汝适《诸蕃志》中记载："苏木，出真腊国。树如松柏，叶如冬青。山谷郊野在在有之，听民采取。去皮晒干，其色红赤，可染绯紫；俗号曰窊木。"明代郑晓《吾学编》中亦云："暹罗苏木贱如薪，色绝胜。本朝充贡。"

苏木枝叶及花

苏木图谱

蘇木

蘇木出眞臘國樹如松栢葉如冬青山谷郊野在在有之聽民採取去皮曬乾其色紅赤可染緋紫俗號曰窊木

吉貝

吉貝樹類小桑萼類芙蓉絮長半寸許宛如鵝毳有子數十南人取其茸絮以鐵筯碾去其子即以手握茸就紡不煩緝績以之爲布最堅厚者謂之兜羅綿次曰番布次曰木棉又次曰吉布或染以雜色異紋炳然幅有闊至五六尺者

《诸蕃志》关于苏木的记载

安息香图谱

10. 安息香

安息香为安息香树干经自然损伤，或于夏、秋二季割裂树干，收集流出的树脂经干燥而成。安息香得名于其原产地中亚古国安息（波斯），唐宋时期依然沿袭其旧名。迄至宋代，福建泉州港从海外进口的安息香主要来自苏门答腊的三佛齐国。《诸蕃志》一书中有载："安息香，出三佛齐国。其香乃树之脂也。其形色类核桃瓤，而不宜于烧。然能发众香，故人取之以和香焉。"安息香具有开窍清神、行气活血、止痛的功效，主治心腹疼痛、产后血晕、中恶昏迷、小儿惊风诸症。

安息香枝叶及果实

安息香（树脂干燥品）

11. 大风子

大风子又称大枫子，以其能治大风疾故名，为大风子科植物大风子的成熟种子。原产于东南亚地区的越南、柬埔寨、泰国、马来西亚、印度尼西亚以及南亚的印度等地。大风子具有祛风、攻毒、杀虫之功能，主治麻风、疥癣、杨梅疮。从大风子种仁中提炼的大风子油，为黄色或黄棕色脂肪油，味微辛烈，具有攻毒、杀虫的功效。

大风子枝叶及果实

泰国大风子图谱

大风子（种仁）

12. 乳香

乳香又名滴乳香、熏陆香，为乳香树干切伤后渗出的树脂经干燥而成，主产于红海沿岸的阿拉伯半岛以及北非地区。乳香形状多呈长卵形、滴乳状或近圆形的颗粒粘合而成的团块，大小不等，常混有树皮碎屑或砂粒。乳香表面呈黄白色或淡黄白色，半透明，质坚脆，破碎面有蜡样或玻璃样的光泽，遇热则变软，烧之微有香气。以淡黄色、颗粒状、半透明、无砂石树皮杂质、粉末粘手、气芳香者为佳。乳香性味辛、苦、温，具有活血止痛、消肿生肌的功效，主治气血凝滞、心腹疼痛、痈疮肿毒、跌打损伤、痛经、产后瘀血刺痛诸症。

乳香树

乳香

株然後截段均分各以所得解作板段隨其板傍橫
裂而成縫腦出於縫中劈而取之其成片者謂之梅
花腦以狀似梅花也次謂之金脚腦其碎者謂之米
腦碎與木屑相雜者謂之蒼腦取腦已淨其杉片謂
之腦札今人碎之與鋸屑相和置甆氣中以器覆之
封固其縫煨以熱灰氣蒸結而成塊謂之聚腦可作
婦人花環等用又有一種如油者謂之腦油其氣勁
而烈祇可浸香合油

乳香

乳香一名薰陸香出大食之麻囉拔施曷奴發三國
深山窮谷中其樹大槩類榕以斧斫株脂溢於外結
而成香聚而成塊以象輦之至于大食大食以舟載
易他貨于三佛齊故香常聚于三佛齊番商貿易至
舶司視香之多少爲殿最而香之爲品十有三其最
上者爲揀香圓大如指頭俗所謂滴乳是也次曰缾
乳其色亞於揀香又次曰缾香言收時貴重之置於
缾中缾香之中又有上中下三等之別又次曰袋香
言收時止置袋中其品亦有三如缾香焉又次曰乳
榻蓋香之雜於砂石者也又次曰黑榻蓋香色之黑
者也又次曰水濕黑榻蓋香在舟中爲水所浸漬而

氣變色敗者也品雜而碎者曰斫削簸揚爲塵者曰
纏末皆乳香之別也

沒藥

沒藥出大食麻囉抹國其樹高大如中國之松皮厚
一二寸採時先掘樹下爲坎用斧伐其皮脂溢於坎
中旬餘方取之

血碣

血碣亦出大食國其樹畧與沒藥同但葉差大耳採
取亦如之有瑩如鏡面者乃樹老脂自流溢不犯斧
鑿此爲上品其夾插柴屑香乃降真香之脂俗號假

《诸蕃志》关于乳香和没药的记载

13. 没药

没药别名末药，为没药树的茎干皮部渗出的树脂经干燥而成，原产地为索马里、埃塞俄比亚及阿拉伯半岛南部等地。形状呈不规则颗粒状或粘结成团块，大小不一，红棕色或黄棕色，表面粗糙，覆有粉尘，有时夹杂有树皮碎屑或砂粒。没药质地坚脆，破碎面呈不规则颗粒状，带棕色油样光泽，有特异香气，味苦而微辛，以块大、红棕色、香气浓、杂质少者为佳。没药性苦味平，具有散血去瘀、消肿定痛的功效，主要用于跌打损伤、痈疽肿痛、癥瘕、经闭、痔漏以及目障等疾病的治疗。

没药树枝叶

没药

没药树图谱

14. 苏合香

苏合香为苏合香树干渗出的香树脂经加工精制而成。夏季将树皮划伤或割破使树脂渗入树皮部，秋季将树皮剥下，榨取树脂，即成为天然苏合香，进一步加工为苏合香油。作为医用药物，苏合香具有开窍辟秽、开郁豁痰、行气活血止痛、利水消肿等功效。

苏合香树图谱

而香藏於皮樹老而自然流溢者色白而瑩故其香
雖盛暑不融名曰篤耨至夏月以火環其株而炙之
令其脂液再溢冬月因其凝而取之故其香夏融而
冬凝名黑篤耨土人盛之以瓢舟人易之以瓷器香
之味清而長黑者易融滲漉於瓢碎瓢而爇之亦得
其髣髴今所謂篤耨瓢是也

蘇合香油

蘇合香油出大食國氣味大抵類篤耨以濃而無滓
為上番人多用以塗身閩人患大風者亦倣之可
合軟香及入醫用

《诸蕃志》关于苏合香油的记载

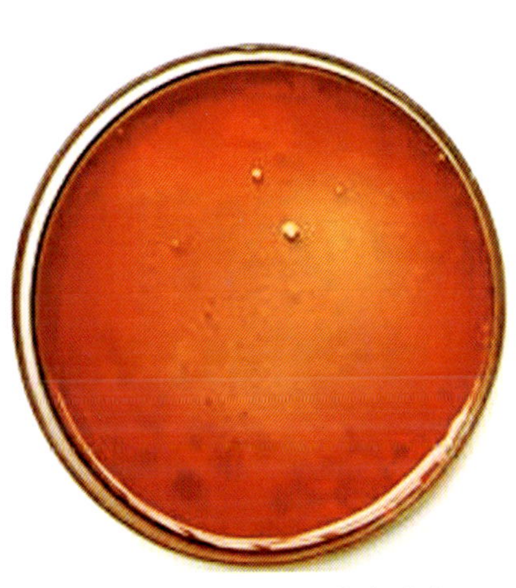
苏合香油

苏合香

抹香鲸

15. 龙涎香

龙涎香为抹香鲸的肠内病理分泌物的干燥品。形状为不透明蜡样团块，大小不等，大者可达60千克。外表为灰黑色，粗糙，覆有颗粒状物。气微腥。以灰黑色、质轻、燃之有香气者为佳。龙涎香虽有强烈的腥臭味，但干燥后却能发出持久的香气，点燃时更是香味四溢，尤其与其他香料混合一起使用，更具有聚气发香的作用。

龙涎香

位于苏门答腊岛北部海域的龙涎屿，以出产龙涎而得名。元代汪大渊《岛夷志略》中对此有专条记载。作为医用药物，龙涎香具有行气活血、开窍化痰、散结止痛、利水通淋之功能，主治神昏气闷、心腹诸痛、消散症结、咳喘气逆等症。

守信終始不爽約也

無枝拔

在闍麻羅華之東南石山對峙民壘闢山爲田鮮食多種薯氣候常熱獨春有微寒俗直男女編髮纏頭繫細紅布極以婚姻爲重往往指腹成親通國守義如有失信者罰金二兩重以納其主民煮海爲鹽釀椰漿蕨粉爲酒有酋長產花斗錫鉛綠毛狗貿易之貨用西洋布青白處州甆器瓦壜鐵鼎之屬

龍涎嶼

嶼方而平延袤荒野上如雲塢之盤絕無田產之利每值天淸氣和風作浪湧羣龍游戲出沒海濱時吐涎沫于其嶼之上故以得名涎之色或黑于烏香或類于浮石聞之微有腥氣然用之合諸香則味尤淸遠雖茄藍木梅花腦檀麝栀子花沉速木薔薇水衆香必待此以發之此地前代無人居之間有他番之人用完木鑿舟駕使以拾之轉鬻于他國貨用金銀之屬博之

交趾

古交州之地今爲安南大越國山環而險溪道互布外有三十六庄地廣人稠氣候常熱田多沃饒俗尚禮義有中國之風男女面白而齒黑戴冠穿唐衣皂褶絲襪方履凡民間俊秀子弟八歲入小學十五入大學其誦詩讀書談性理爲文章皆與中國同惟言語差異自古今歲貢中國已載諸史民煮海爲鹽釀秫爲酒酋長以同□□（文田案缺二字疑姓女）爲妻地產沙金白銀銅錫鉛象牙翠毛肉桂檳榔貿易之貨用諸色綾羅匹帛青布牙梳紙扎青銅鐵之類流通使用銅錢民間以六十七錢折中統銀壹兩官用止七

《岛夷志略》有关龙涎香的记载

（二）珍宝类

珍宝类的商品货物包括象牙、龟筒、翠羽（毛）、鹤顶、猫儿眼睛（猫眼石）、珍（真）珠、红（宝）石、鸦忽（鹘）石、玳瑁、犀角、琥珀、砗磲、珊瑚以及鹦鹉等十几种。根据《诸蕃志》及《岛夷志略》记载，宋元时期这些珍宝类货物的产地，和香药类货物的产地一样，也大多分布于东南亚地区。

例如，玳瑁出产于麻逸（吕宋）、苏禄、渤泥、假里马打等地，犀角出产于真腊、罗斛（今泰国南部）等地，鹤顶出产于丹马令、吉兰丹、龙牙犀角、旧港（三佛齐）、须文答剌、班卒等地，珍（真）珠出产于苏禄等地，砗磲出产于交趾等地，珊瑚出产于假里马打、大佛山（加里曼丹岛西北岸）等地，鹦鹉出产于占城、爪哇、重迦罗（爪哇东部）等地。

玳瑁

玳瑁标本

长砗磲

犀角杯

番红砗磲

犀牛角

象牙虽有非洲象牙与亚洲象牙之分，但在宋元时期非洲象牙也大都由阿拉伯商人运载至三佛齐之后，再转贩至福建泉州港，亚洲象牙在交趾、占城、真腊、罗斛、暹（泰国北部）等东南亚地区均有出产。

象牙

象牙工艺品

翠鸟（翡翠）

翠羽（羽毛）

上述珍宝类的商品货物均为奢侈品，大多作为观赏装饰性物品，或是工艺品制作的原料等。例如，翠羽也称翡毛，指翠鸟（翡翠）的部分蓝绿色羽毛，出产于交趾、戎（马来半岛东岸）、真腊、罗斛、暹等地，在中国古代多用于服装织物和女性饰品中，是中国古代奢侈品的代表。

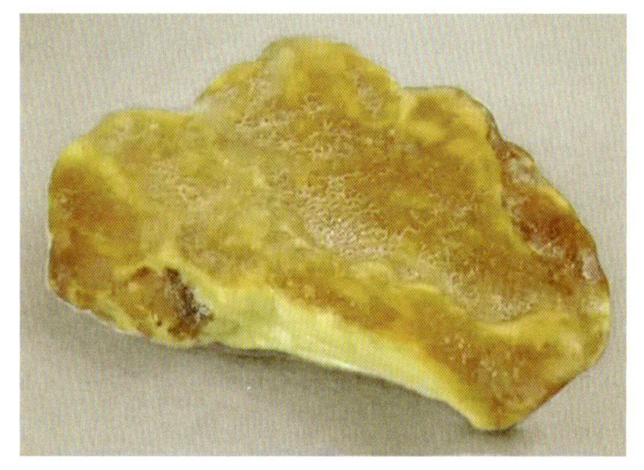
琥珀

此外，还有一些产自印度、斯里兰卡及中东地区的珍异之物，诸如猫儿眼睛(猫眼石)、红(宝)石、鸦忽(鹘)石(蓝宝石)，以及琥珀等，在宋元时期也萃聚于当时东南亚的贸易中心三佛齐等地，而后再辗转贩运到福建。

猫儿眼睛(猫眼石)

红宝石

鸦忽石(蓝宝石)

（三）矿产类

福建从东南亚地区进口的矿产类货物主要有金、银、铜、锡、铅等，其中又以银和锡为最。

东南亚中南半岛的越南、缅甸等地拥有丰富的银矿资源，早在宋元时期白银就已是福建从东南亚进口的商品货物之一。1565 年，西班牙占领菲律宾群岛的吕宋等地之后，建立了马尼拉和美洲之间的大帆船贸易。通过大帆船贸易，西班牙将其在美洲殖民地搜刮的白银运到马尼拉，而中国商人（主要是福建）则将西班牙人所需的生丝及丝织品等商品货物运往马尼拉，双方在马尼拉各取所需。正如明代张燮《东西洋考》中所言：“东洋吕宋，地无他产，夷人悉用银钱易货，故归船除银钱外，无他携来。即有货亦无几，故商人回澳，征水陆二饷外，属吕宋船者，每船更追银百五十两，谓之加征。”由于每年均有大量海外白银的输入，以至于福建漳州海澄月港有大明“天子之南库”的美誉。

美洲白银及银币

直到清乾隆、嘉庆年间，美洲白银依然是福建与吕宋贸易往来中的主要进口货物，清代陈伦炯《海国闻见录》一书有记载。这一时期，福建海商纷纷前往马尼拉贩卖丝绸、布帛等货物换取银钱回国，与此同时，前来厦门贸易的“吕宋夷船”也携带了大量的“番银”在厦门采购其所需货物，道光《厦门志》中有记载。

《海国闻见录》关于吕宋贸易盛况的记载

清道光《厦门志》中有关吕宋商人来厦门贸易的记载

西班牙十字银币（1620 年）

西班牙双柱花边银币（1732 年）

明清时期自菲律宾马尼拉输入福建的美洲白银主要是西班牙在美洲铸造的各种银币。其银币的种类，据道光《厦门志》所载，依时间先后有十字银币、盾徽双柱花边银币和俗称“番头”的人像双柱银币三种。其中，以盾徽双柱花边银币的含银量最高，“每圆重八钱三分，色九五，名曰花边”，人像双柱银币次之，“每圆重七钱二分，色九成，即所用夷银钱也”。

西班牙盾徽双柱花边银币（1740 年）

西班牙人像双柱银币（1773 年）

锡器（水壶）

清代锡器艺术品（粉盒）

锡为五金（金、银、铜、铁、锡）之一，亦是排列在白金、黄金及白银之后的第四种贵金属。锡矿是东南亚地区的主要矿产，开采历史悠久。

在中国古代，锡的用途十分广泛，通常被用来制作青铜（比例为锡三铜七），以及制作各种日用锡器。明清时期是中国锡器制作的鼎盛时期，锡制器物有炊具、食具、灯烛具、熏具、文具等等，其中又以炊具和烛台具最为常见。由于需求量巨大，东南亚的锡矿产品曾一度大量输入到中国东南沿海地区，福建就是主要的输入地之一。

此外，由于锡具有延展的特性，可以加工成极薄的锡箔，因而被广泛地用于制作锡箔纸。锡箔纸通常用作物品的防潮包装材料，而中国民间更为广泛的用途是做成金银纸（冥钱），在祭祀时用以祀神礼佛，以及在葬礼和扫墓时作为供死者享用的冥币。

西婆罗洲的华人矿工

锡块

金银纸（冥钱）

锡器（盘子）

锡箔纸

锡制品

（四）食品杂货类

福建从东南亚进口的食品杂货类货物包含了各种食用或饮用的成品和原料，以及各种日常生活用品。早在宋元时期，东南亚地区土产方物中的菠萝蜜、椰子、槟榔、椰浆酒等食品杂货，就已通过海上贸易的途径输入福建。

西谷棕榈树

到了明清时期，食品杂货类的货物已逐渐成为福建从东南亚地区进口的重要商品货物种类。货物品种和数量不断增加，表明彼此间的贸易往来更加契合民生的需求，尤其是一些东南亚特有的热带食物产品，诸如西国米、燕窝、海参、鱼翅等山珍海味的大量进口，在一定程度上丰富了福建饮食文化的内容和菜肴的风味。

西国米亦名沙孤米、沙谷米、西谷米，简称西米。所谓沙孤、沙谷、西谷或硕莪，均为马来语 Sagu 之音译，是一种由西谷棕榈树干内所贮碳水化合物制作的食用淀粉，主产于马来群岛。西米质净色白者名真珠西米或弹丸西米，白净滑糯，营养颇丰。西国米在明代就已成为福建从东南亚地区进口的货物之一。明代张燮《东西洋考》有载："西国米亦名沙孤米。其树名沙孤。身如蕉，空心，取其里皮，削之，以水捣过，舂以为粉，细者为玉米最精，粗者，民家食之，以此代谷。今贾舶虑为波涛所湿，只携其粉归，自和为丸。"

西谷淀粉

西谷米（西米）

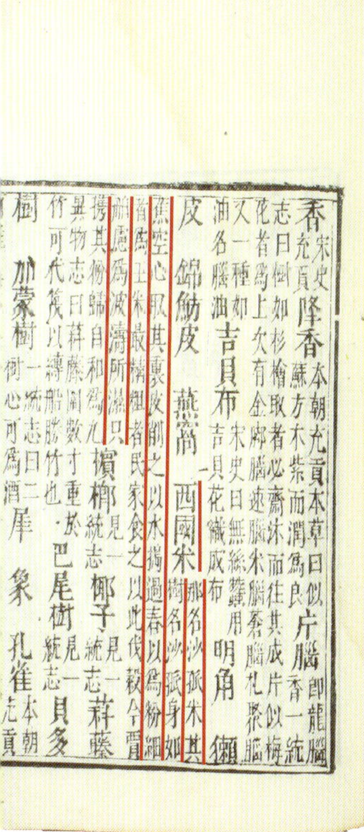

香宋史充貢 降香本朝充貢本草曰似蘇方木紫而潤爲良 片腦即龍腦香一統志曰樹如杉檜取者必齋沐而往其成片似梅花者爲上次有金腳腦速腦米腦蒼腦札聚腦又一種如油名腦油 吉貝布宋史曰無絲蠶用吉貝花織成布 明角 獺皮 錦魴皮 燕窩 西國米樹名沙孤米其身如蕉空心取其裏皮削之以水搗過舂以爲粉細者爲王家最精細者民家食之以此代穀今賈舶處爲波濤所濕只攜其粉歸自和爲丸 檳榔見一統志 椰子見一統志 蒔藤異物志曰蒔藤圍數寸重於竹可代篾以縛船勝竹也 巴尾樹見一統志 貝多樹 加蒙樹一統志曰二樹心可爲酒 犀 象 孔雀本朝充貢

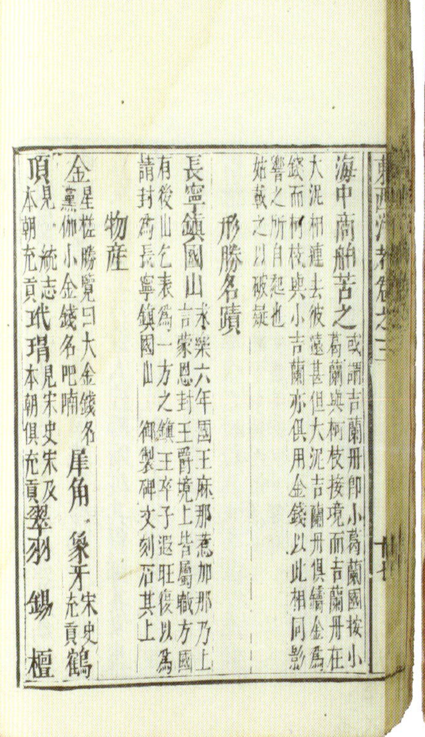

東西洋考卷之三

海中商舶苦之或謂吉蘭丹即小葛蘭國按小葛蘭與柯枝接境而吉蘭丹在大泥相連去彼遠甚但大泥吉蘭丹俱繡金爲錢而柯枝與小吉蘭亦俱用金錢以此相同影響之所自起也姑載之以破疑

形勝名蹟

長寧鎮國山永樂六年國王麻那惹加那乃上言蒙恩封王爵境上皆屬職方國有後山乞表爲一方之鎮王卒子遐旺復以爲請封爲長寧鎮國山御製碑文刻石其上

物産

金星槎勝覽曰大金錢名黨伽小金錢名吧喃 犀角 象牙宋史充貢 鶴頂見一統志本朝充貢 玳瑁見宋史宋及本朝俱充貢 翠羽 錫 檀

十七

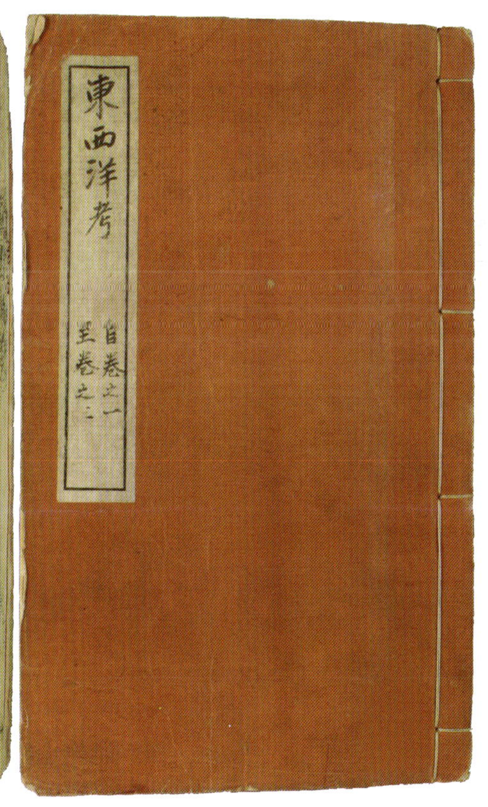

《东西洋考》关于西国米的记载

金丝燕

燕窝又称燕菜，是由生长于热带海域，喜欢群体栖身于海岸悬崖峭壁石洞内的金丝燕，利用苔藓、海藻及柔软植物纤维混合羽毛和唾液胶结而成的鸟巢。产地分布于东南亚热带海域的山洞里，其中以印度尼西亚、马来西亚出产居多。燕窝是珍贵的佳肴，又是名贵药材，具有补肺养阴之功效，主治虚劳咳嗽、咳血等症。明代后期的漳州海澄月港，以及清代的厦门港均是东南亚燕窝输入的主要港口。

燕巢

燕窝

海参又名海鼠、海黄瓜，为生长在海洋底层岩石上或海藻间的一种棘皮动物，品种达 800 多种，可供食用的仅 20 多种。

在中国的饮食文化中，海参不仅是珍贵的食品，同时也是名贵的药材，以“其性温补，足敌人参，故名海参”。东南亚地区的马来群岛素以盛产海参而闻名，其中又以菲律宾南部群岛和印度尼西亚东部群岛这一片海域为最。位于印度尼西亚苏拉威西岛上的望加锡，在 18—19 世纪曾一度是东南亚地区最大的海参贸易中心。海参品种因地而异，东南亚及中国南海地区的海参品种主要是梅花参和乌元参。清代厦门港是当时东南亚海参输入的主要港口之一。

海洋棘皮动物——海参

乌元参

梅花参

烟草

烟叶

烟草原产于美洲，16 世纪由西班牙人传入吕宋岛。在中国的历史文献中称烟草为“淡芭菰”或“担不归”，均为葡萄牙语 Tobaco 或西班牙语 Tabacg 的音译。明万历年间（1573—1620），福建华侨将烟草从吕宋传入福建，并在福建最早进行试验种植。到清朝初年，烟草种植已由东南沿海地区传播和推广到全国各地，成为一种获利颇丰的经济作物。必须指出，烟草是一种利弊参半的经济作物，早在其传入之初，人们就认识到了它的毒性及其对人体健康的危害，明清两朝政府为此曾多次下令严禁烟草种植和贩卖。

番薯又名甘薯、红薯、朱薯、金薯、地瓜，一般认为原产地为美洲墨西哥、秘鲁和哥伦比亚等地，欧洲人到达美洲后，将番薯传播到世界各地。番薯传入中国的说法有二：一是由安南传入广东，二是由吕宋传入福建。

明代何乔远《闽书》有载：万历年间，“闽人多贾吕宋焉……截取其（番薯）蔓咫许，挟小盒中以来，于是入吾闽十余年矣”。另据清代陈世元《金薯传习录》一书记载，明万历二十一年（1593），长乐人陈振龙侨居吕宋，出资购买番薯种，并从当地获得种植技术，而后乘船回到家乡福州进行试验栽培，取得成功后，由其子陈经纶呈献给当时的福建巡抚金学曾，推广到福建沿海地区普遍种植。

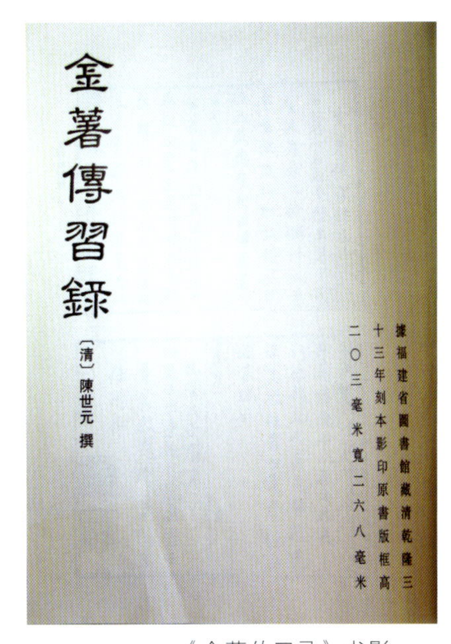
金薯傳習錄

（清）陳世元　撰

據福建省圖書館藏清乾隆三十三年刻本影印原書版框高二〇三毫米寬二六八毫米

《金薯传习录》书影

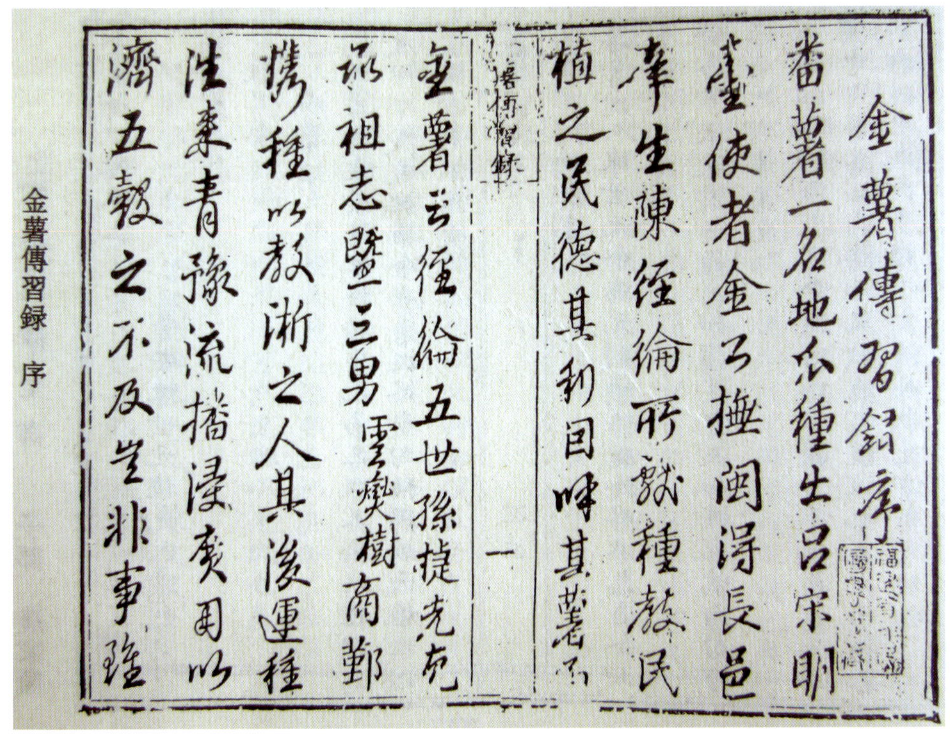
金薯傳習録序

番薯一名地瓜種生呂宋明臺使者金公撫閩得長邑庠生陳經綸所獻種教民植之民德其利因呼其薯

金薯傳習録　一

金薯云經綸五世孫捷先克承祖志暨三男雲燮樹商鄞攜種以教浙之人其後運種往來青豫流播浸廣因以濟五穀之不及豈非事

金薯傳習録　序

《金薯传习录·序》书影

福州乌石山先薯亭

由于番薯的大量种植和产量的大幅度提高，在荒灾年份发挥了巨大的救荒作用，清乾隆五十一年（1786），乾隆皇帝下诏“广劝栽植番薯，以为救荒之备”。从此以后，番薯在全国各地广为种植，并且成为中国重要的粮食作物之一。

为了纪念引种和推广番薯的华侨陈振龙和福建巡抚金学曾，清代道光年间福州人何则贤在福州的乌石山建造了一座“先薯亭”，以缅怀他们引进和推广番薯种植的丰功伟绩。郭沫若也曾赋诗颂扬陈振龙，称赞其将番薯引进中国，“此功勋当得比神农”。

福州乌石山《先薯亭记》石刻

第三章
郑和下西洋与福建及东南亚

明代郑和下西洋是世界航海史上的伟大壮举，它改变了明代初期实行的禁海政策，客观上促进了海外贸易的发展。郑和下西洋与福建有着千丝万缕的联系，郑和船队下西洋期间数次驻泊和经停福建，在福建造海船、招募水手、补给休整、祭祀海神等，福州的太平港、五虎门以及泉州的郑和行香碑、天妃行宫、清净寺、九日山、三宝宫、接官亭、郑和堤等，都有郑和下西洋在福建留下的历史印记。东南亚地区是郑和下西洋的必经之地，在东南亚地区有许多有关郑和的遗迹与传说，这些遗迹与传说亦成为中国与东南亚地区友好往来的历史见证。

第一节　郑和下西洋与福建

郑和下西洋与福建有着千丝万缕的联系，福州的太平港、五虎门以及泉州的郑和行香碑、天妃行宫、清净寺、九日山、三宝宫、接官亭、郑和堤等，都有郑和下西洋在福建留下的历史印记。

郑和（1371—1433），原名马和，小字三保（后又称三宝），明洪武四年（1371）出生于云南昆阳州（今昆明晋宁县）一个信奉伊斯兰教的回族家庭，11 岁时被俘进宫，成为燕王朱棣的近侍。明成祖朱棣登基后，念他有勇有谋，屡立奇功，于是赐姓“郑”，改称郑和，并被提拔为内宫太监。

郑和画像

明成祖朱棣画像

明永乐三年（1405）六月，郑和率领船队首次出使西洋。从永乐三年到宣德八年（1405—1433）长达29年的时间里，郑和率领下西洋船队遍访亚非30余国，涉10万余里，与海外许多国家建立了政治、经济、文化上的联系，完成了七下西洋的伟大历史壮举。

郑和宝船模型

郑和航海图（福建长乐部分）

闽江口五虎礁（五虎山）

闽江口五虎门

福建长乐是郑和七下西洋的开洋起点，而长乐太平港则是郑和船队驻泊港。明永乐三年（1405）六月，郑和第一次受命出使西洋，率宝船 62 艘，随行水手、卫兵、工匠、医生、通事（翻译）共 27 800 人，从江苏太仓出发，出长江口沿海航行至闽江口五虎门等候东北季风，而后南下前往占城。

长乐太平港是闽江下游围绕长乐城西浮峰山的环形深水湾港，高山屏峙，可以阻遏台风和东北风的侵袭，风平浪静，是天然良港。郑和下西洋船队每次从太仓刘家港（或南京）起航后，便开进闽江下游、长乐城西的

长乐太平港旧址

“马江”，“累驻于斯，伺风开洋”。永乐七年（1409）第三次下西洋前夕，郑和“奏改马江为太平港”。郑和下西洋船队通常在夏、秋进驻太平港，少则两个月，多则十个月。当冬、春东北季风劲吹时，郑和船队拔锚扬帆，出闽江口五虎门，转舵南下，乘着强劲的东北风，浩浩荡荡下西洋，顺风十昼夜便可到达占城。郑和船队在太平港驻泊期间，随行人员驻扎在长乐县城的十洋街，并在此修造船只，补充给养，招募水手，祭祀海神，为远航做准备。

长乐天妃行宫是明永乐十年（1412）郑和第四次出使西洋前夕，在长乐太平港候风时所奏建，是船队官员祈报和酬神的场所。据明代《长乐县志》和《天妃灵应之记》碑记载，天妃行宫又称南山天妃宫。关于此宫殿的建筑形制、进深间数、宫室面积以及殿内陈设等，仅有一些“制甚壮丽”“既严且整”的简略描述，没有留下具体而详实的记载。又据乾隆《长乐县志》记载，清乾隆二十六年（1761），长乐知县贺世骏以水神面山不宜为由，将天妃移祀长乐城西部的花眉台，并建天后宫以事神，把乾隆初年就已毁朽的南山天妃宫重加修葺，改为“吴航书院”。因此，从吴航书院的建筑格局中我们可以窥见昔日南山天妃宫的概貌。

清乾隆《长乐县志》中吴航书院等古建筑图

长乐南山天妃宫大井（郑和井）

长乐南山天妃宫遗址出土的础石

在长乐南山天妃宫遗址附近还遗存有天妃宫大井，又称郑和井。据《长乐县志》记载，“天妃宫大井在县治西四十余步，太监郑和造石栏”。当年此井应是供给郑和船队汲水之用，郑和为之建造了石围井栏。井栏勒有楷书“义井”二字，字上方雕莲花，下方刻莲叶。长乐南山天妃宫遗址还出土有柱础、瓦当及瓷片等与郑和下西洋有关的历史文物。

三峰塔位于今福州长乐区吴航镇塔山，原名圣寿宝塔，是郑和下西洋船队出入太平港的航标塔。塔高 27.4 米，八角七层，为石构仿楼阁式建筑。三峰塔始建于宋绍圣三年（1096），政和七年（1117）建成。明永乐十一年（1413），郑和登塔巡看，得知该塔是为宋徽宗祝寿而建，颇为不悦，以赵佶为昏君遂改塔名为“三峰塔”。据《长乐县志》记载，郑和曾多次“奉施喜舍”重修该塔。郑和船队驻泊长乐期间，还重修了三峰塔寺和南山寺，施财鼎建三清宝殿，铸造郑和铜钟等。

长乐三峰塔原名圣寿宝塔

长乐三峰塔

郑和铜钟，高 83 厘米，壁厚 2 厘米，重 77 千克，钟身通体纹有 9 层纹饰。明宣德六年（1431），郑和第七次奉命远航西洋，二月抵达长乐等候冬季季风，铸此铜钟祈求出海航行平安。钟腹上部铸有铭文“国泰民安、风调雨顺”，下部铸“大明宣德六年，岁次辛亥，仲夏吉日，太监郑和、王景弘等同官军人等，发心铸铜钟一口，永远长生供养，祈保西洋往回平安吉祥如意者”。

郑和铜钟，现藏于中国国家博物馆

《天妃灵应之记》碑

长乐郑和公园

《天妃灵应之记》碑，又称《天妃之神灵应记》碑，俗称“郑和碑”。明宣德六年（1431），郑和、王景弘及副使太监朱良、李兴等人在第七次下西洋之前，驻泊长乐等候季风开洋，立《天妃灵应之记》碑于长乐南山天妃宫大殿中。石碑宽 0.78 米，高 1.62 米，厚 0.16 米。碑额以小篆书“天妃灵应之记”6 个大字，碑文共 1177 字，详细记述了郑和七次率船队下西洋的时间和所经诸国，是研究郑和航海史的珍贵文献碑刻，具有重要的史料价值。

船队驻泊长乐期间，郑和还前往莆田湄洲岛祭祀天上圣母妈祖，到泉州灵山行香朝圣，并拜访居住在泉州的阿拉伯、波斯商人和他们的后裔，聘请他们随行做翻译或向导。

泉州灵山伊斯兰圣墓

郑和行香碑

郑和行香碑拓片

郑和行香碑位于泉州灵山圣墓回廊右侧。泉州灵山圣墓是唐武德年间（618—626）来中国传播伊斯兰教的三贤、四贤之墓，唐宋以后成为中外穆斯林瞻仰朝拜的圣地之一。明永乐十五年（1417）郑和第五次下西洋，途经泉州，特地到灵山圣墓祭告行香。郑和行香碑的记立者镇抚蒲和日是泉州的穆斯林，是宋末元初泉州市舶司提举蒲寿庚后人。郑和行香碑是郑和到过泉州的最重要物证，同时也是研究郑和下西洋的重要史料。

郑和船队铁锚，现存泉州海外交通史博物馆

1981 年，泉州海外交通史博物馆进行水下考古时，在泉州石湖港发现一具四爪铁锚，铁锚残高 2.78 米，锚爪最大对角残距离 2.78 米，铁爪径 0.14 米，总重量 758 千克。当地渔民称四爪铁锚为“铁猫狸”，传说郑和第五次下西洋时，船队驻泊泉州湾遇到台风，波浪滔天，郑和下令将一根“铁猫狸”投入海中，顿时风平浪静，船只安然无恙。从此，这根铁锚就成为了泉州湾的“镇海神针”。

泉州清净寺，又名圣友寺、艾苏哈卜大清真寺，位于泉州涂门街。始建于北宋大中祥符二年（1009），是中国现存最早、最古老的阿拉伯建筑风格的伊斯兰教寺。元代至大三年（1310），耶路撒冷人阿哈玛出资重修。据清代蔡永蒹《西山杂志》一书记载，郑和船队“至泉州寄泊，上九日岩祈风，至清真寺祈祷”。

泉州清净寺

泉州清净寺内的伊斯兰教石柱

泉州清净寺内的阿拉伯文碑刻

泉州清净寺内的伊斯兰石棺

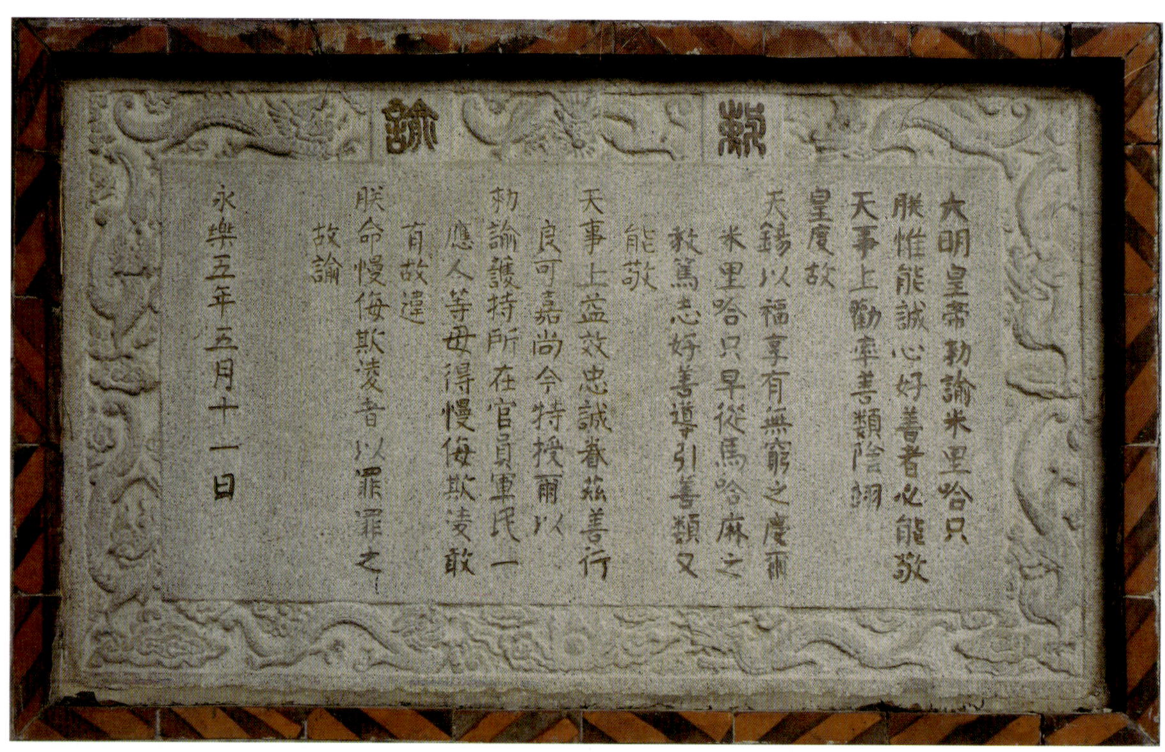

明永乐五年（1407）明成祖朱棣颁布的保护伊斯兰教的敕谕（碑刻现保存于泉州清净寺）

泉州天后宫

泉州天后宫正殿

泉州天后宫牌匾

泉州天后宫位于泉州市区南门天后路，始建于南宋庆元二年（1196），原名“顺济宫”，元代称“天妃宫”。郑和在下西洋期间曾上奏永乐皇帝，令福建地方官拓建天妃宫，明万历年间《泉州府志》、清乾隆年间《泉州府志》对此均有记载。清康熙年间，施琅收复台湾后奏请特封妈祖为“天后”，泉州天妃宫改称天后宫。

惠安百崎接官亭

王景弘画像

王景弘故里——漳平赤水镇香寮村

王景弘故里兴建的王景弘庙

在惠安百崎回族乡，有明初建成的接官亭和郑和堤，相传与郑和下西洋有关。

接官亭位于惠安百崎渡口，与泉州后渚港隔海相望，是百崎九乡郭开基祖郭仲远于明初捐资建造的。这座石亭名称的由来传说与郑和第五次下西洋有关。据说明永乐十五年（1417），郑和第五次下西洋在泉州候风，到清净寺礼拜时遇到郭仲远，同为穆斯林的郑和顺便到百崎探访郭仲远，郭仲远苦无迎宾驿馆，只好在百崎渡口的凉亭摆设香案迎接郑和。此后，为了纪念郑和的来访，就将这座石亭称为“接官亭”。

郑和堤则是指连接百崎回族乡莲埭和克圃两个村庄的长700多米的海堤。相传郑和船队驻泊泉州期间，郑和曾派遣官兵协助百崎回民挖土筑建海堤，以绝百崎村的水患，当地人将此堤称为“郑和堤”。

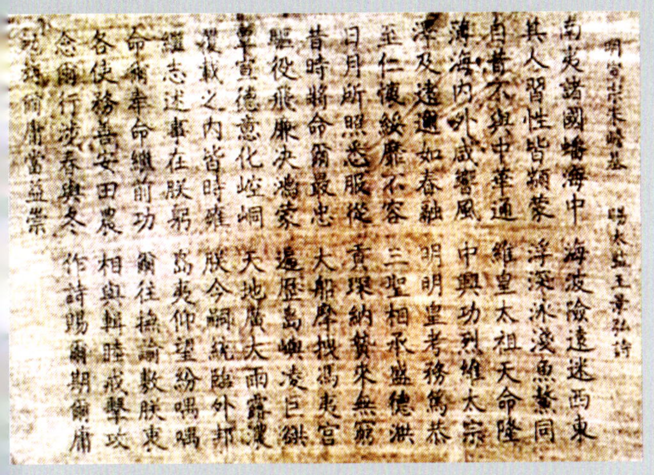

明宣宗朱瞻基　賜太監王景弘詩

南夷諸國蟠海中　海波險遠迷西東
其人習性皆頑蒙　浮深沐淺魚鱉同
自昔不與中華通　維皇太祖天命隆
薄海內外咸響風　中興功烈維太宗
澤及遠邇如春融　明明皇考務篤恭
至仁懷綏靡不容　三聖相承盛德洪
日月所照悉服從　貢琛納贄來無窮
昔時將命爾最忠　大船摩拽[illegible]夷宮
驅役飛廉決滃蒙　遍歷島嶼凌巨[illegible]
肆宣德意化崆峒　天地廣大雨露濃
覆載之內皆時雍　朕今嗣統臨外邦
纘志述事在朕躬　島夷仰望紛喁喁
命爾奉命繼前功　爾往撫諭數朕衷
各使務善安田農　相與輯睦戢擊攻
念爾行涉春與冬　作詩賜爾期爾庸
既竭爾庸當益崇

明宣宗朱瞻基赐太监王景弘诗

明宣宗朱瞻基画像，他在位期间命郑和第七次下西洋。该画现藏台北故宫博物院

郑和（左）与王景弘（右）雕像

在郑和七下西洋的过程中，有不少福建人参与了这一世界航海史上的伟大壮举，其中最著名者当属郑和的得力副手——王景弘。

王景弘，又名王三宝、王三保，福建漳平赤水镇香寮村人，明洪武年间入宫为宦官，跟随燕王朱棣，后随朱棣起兵夺得帝位，受到明成祖朱棣的赏识。

永乐三年（1405）六月，王景弘以副使太监身份跟随郑和出使西洋。从永乐三年（1405）至宣德八年（1433）的 29 年间，王景弘先后五次以副使太监或正使太监的身份参与了郑和下西洋的航海活动，先后到达亚洲、非洲的 30 多个国家和地区，为促进中外交流做出了巨大贡献。宣德八年（1433），郑和在第七次下西洋返航途中病逝于印度半岛南端的古里国，王景弘作为正使率领船队扶柩返航，完成了郑和七下西洋的最后一次远航。

王景弘在郑和七下西洋的过程中主要负责下西洋航路的选择、船队的管理、船舶的制造、航海人员的选拔，以及主持下西洋的航海事务等等。王景弘因熟悉水程，精于航海，被航海者敬若神明，在古籍中有不少关于他的传说。例如清代陈伦炯所著《海国闻见录》一书中有这样的记载：“七州洋中，有种神鸟，状似海雁而小，喙尖而红，脚短而绿，尾带一箭，长二尺许，名曰箭鸟。船到洋中，飞而来示，与人为准，呼是则飞而去。间在疑似，再呼细看决疑，仍飞而来，献纸谢神，则翱翔不知其所之。相传王三宝下西洋，呼鸟插箭，命在洋中为记。”

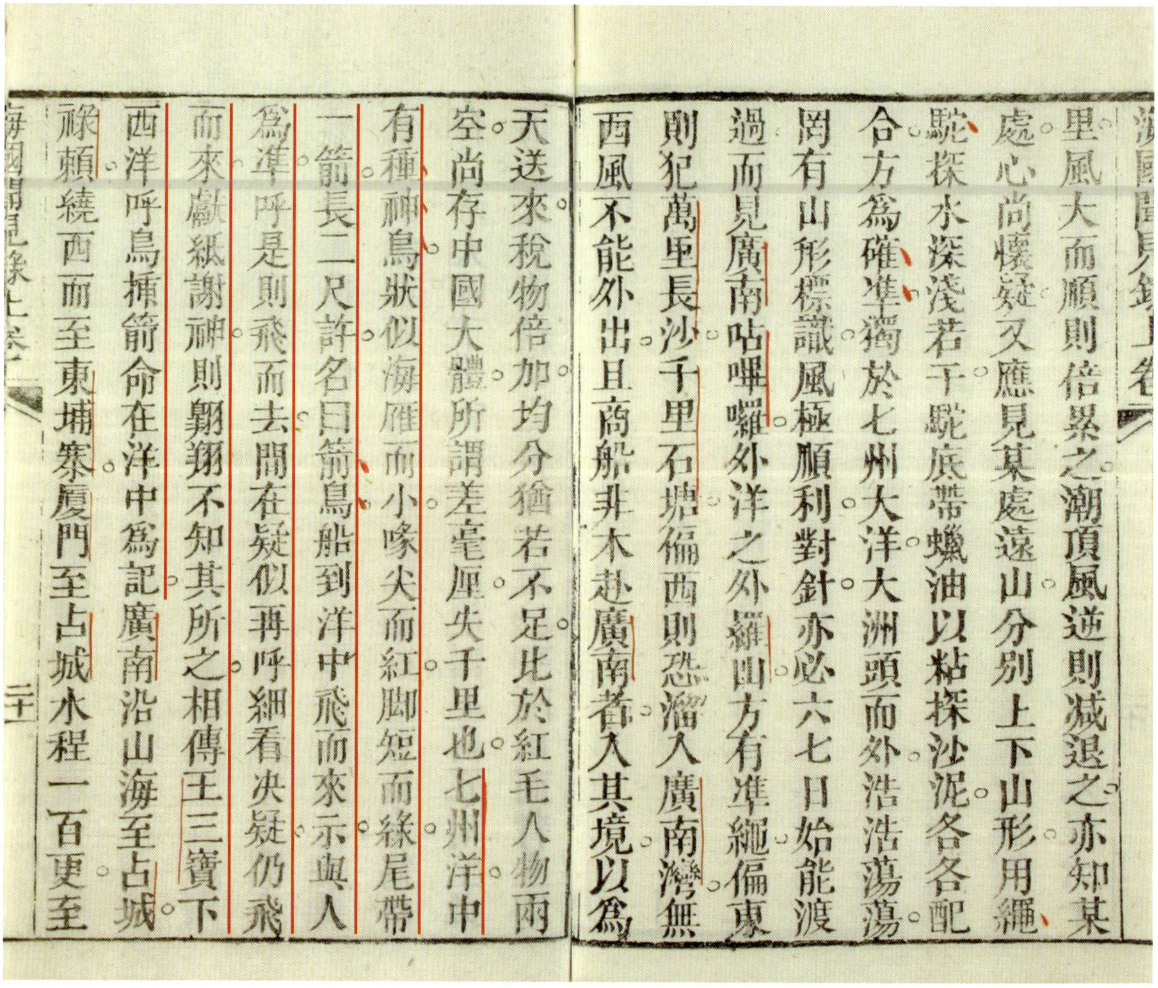
海國聞見錄上卷
里風大而順則倍累之潮頂風逆則減退之亦知某
處心尚懷疑又應見某處遠山分別上下山形用繩
駝探水深淺若干駝底帶蠟油以粘探沙泥各各配
合方爲確準獨於七州大洋大洲頭而外浩浩蕩蕩
罔有山形標識風極順利對針亦必六七日始能渡
過而見廣南咕嗶囉外洋之外羅山方有準繩偏東
則犯萬里長沙千里石塘偏西則恐溜入廣南灣無
西風不能外出且商船非本赴廣南者入其境以爲
天送來税物倍加均分猶若不足比於紅毛人物兩
空尚存中國大體所謂差毫厘失千里也七州洋中
有種神鳥狀似海雁而小喙尖而紅脚短而綠尾帶
一箭長二尺許名曰箭鳥船到洋中飛而來示與人
爲準呼是則飛而去間在疑似再呼細看决疑仍飛
而來獻紙謝神則翺翔不知其所之相傳王三寶下
西洋呼鳥插箭命在洋中爲記廣南沿山海至占城
祿賴繞西而至東埔寨廈門至占城水程一百更至
海國聞見錄上卷 三十

《海国闻见录》关于王景弘下西洋的记载

印度尼西亚三宝垄三宝公庙里的船舡爷庙

印度尼西亚三宝垄三宝公庙右殿，供奉船舡爷王景弘

另外，在印度尼西亚三宝垄，王景弘也因精于航海事务而被尊称为“船舡爷”，在当地的三宝公庙（郑和庙）中，专门为之建造一殿（船舡爷庙）予以祀奉敬拜。

总之，王景弘作为郑和七下西洋最得力的助手以及下西洋远航的领导者和组织者之一，与郑和一样是中国历史上伟大的航海家、外交家，对于促进中外经济、文化和科技交流以及中国航海事业的发展，做出了重要贡献。

第二节 郑和下西洋在东南亚的遗迹

郑和先后七下西洋，最远到达阿拉伯半岛和非洲东海岸，在世界航海史上写下了光辉的篇章。东南亚地区是郑和下西洋的必经之地，当时的西洋诸国中本身就包括了许多东南亚的国家和地区，诸如占城、暹罗、旧港、满剌加、苏门答腊、爪哇等。郑和下西洋对于促进中国与东南亚之间的友好往来发挥了重要作用，并产生了深远的影响。时至今日，东南亚许多国家还保留了不少与郑和下西洋有关的珍贵历史遗迹，成为中国与东南亚友好往来的历史见证。

一、马来西亚马六甲

马六甲位于连接太平洋和印度洋的海上交通要道马六甲海峡的西北岸，中国明朝史籍称之为满剌加，明代马欢《瀛涯胜览》一书有记载。

瀛涯勝覽 十一

家各種番貨俱有黃連香羅褐連香降眞沉水
亦有花梨木白荳蔻大風子血結藤結蘇木花
錫象牙翠毛蘇木賤如薪色絕勝獸有白象獅
猫白鼠蔬果如占城有米酒椰子酒皆燒酒也
厥貢蘇木降眞香

滿剌加

舊名五嶼以海有此山也東南距海西北皆岸
岸連山地瘠鹵收穫殊寡故未稱國隷暹羅歲
輸金五十兩否則被伐永樂七年己丑
上命太監鄭和冊爲滿剌加國賜其將領銀印
冠服爲王自是不役屬暹羅王携妻子赴京謝
願修職貢上賜船還其境有大溪貫王宮入海
跨溪橋之構亭于上約二十餘楹交易者來集
俗尚回回教持齋受戒王以白纏首青細花袍
躡皮履乘轎民間男帕首女撮髻于後其體微
黑短衫束腰以帨風俗淳朴民舍如暹羅聯榻

瀛涯勝覽 十二

《瀛涯胜览》关于满剌加的记载

郑和在第二次下西洋时就在马六甲建立了官仓，作为船队的中转补给站。关于郑和在马六甲建立的官仓，在明代巩珍撰著的《西洋番国志》中有如下记载：“中国下西洋舡以此为外府，立摆栅墙垣，设西（四）门更鼓楼。内石（又）立重城，盖造库藏完备。大䑸宝舡已往占城、爪哇等国，并先䑸暹罗等国回还舡只，俱于此国海滨驻泊，一应钱粮皆入库内□贮。各舡并聚，又分䑸次前往诸番买卖以后，忽鲁谟斯等各国事毕回时，其小邦去而回者，先后迟早不过五七日俱各到齐。将各国诸色钱粮通行打点，装封仓艕，停候五月中风信已顺，结䑸回还。”

飯洲渚邊有木草名茭蔁葉長如刀茅厚如笋殼柔軟堅韌結
子皮篛如荔枝實如雞子土人取其子釀酒飲之能醉人或取
其葉織成細簟潤二尺長丈餘出賣果有甘蔗芭蕉波羅蜜野
荔枝之類蔬有葱蒜姜芥東瓜西瓜牲畜有牛羊雞鴨不廣其
價亦貴水牛一頭賣銀一斤以上驢馬皆無近海有鼉龍傷人
鼉龍高三四尺鱗甲被身如刺龍頭棘牙遇人則齧出黑虎似
虎而小毛黑有暗紋亦有黃虎其虎能變幻入市中混人而行
有識者即擒之其怪與占城屍頭蠻同屍頭此處亦有之中國
下西洋舡以此為外府立擺柵墻垣設西門更鼓樓内石立重
城蓋造庫藏完備大䑸寶舡已往占城爪哇等國并先䑸暹羅

知聖道齋
鈔校書籍

等國回還舡隻俱于此國海濱駐泊一應錢粮皆入庫内口貯
各舡併聚又分䑸次前往諸番買賣以後忽魯謨廝等各國事
畢回時其小邦去而回者先後遲早不過五七日俱各到齊將
各國諸色錢粮通行打點裝封倉艙停候五月中風信已順結
䑸回還其國既受皇恩深重其年乃携妻子赴闕謝恩又賜造
完大舡令其乘駕歸國守土自前至今歲方物不缺進貢
啞魯國小邦也自滿剌加國開舡好風行四晝夜可到其國有
淡水港先入港然後到國南是大山北大海西連蘇門答剌國
界東有平地種收旱稻粮食不缺王及國人皆回回人民以耕
漁為業風俗淳朴國婚喪等事皆與爪哇滿剌加國相同貨物

《西洋番国志》关于郑和下西洋在马六甲建立官仓的记载

海語卷一　三

值數十金地廣而兵强嘗併有占臘而私其貢賦以不縶中國利害置不問也

滿剌加

滿剌加在南海中始爲暹羅屬國厥後守土酋長叛其主而自立開國無可考矣自東莞縣南亭門放洋星盤與暹羅同道至崑崙洋（張本無洋字）直子午收龍牙門港二日程至其國爲（原作與據張本改）諸夷輻輳之地亦海上一小都會也王居前屋用瓦乃永樂中太監鄭和所遺者餘屋皆僭擬殿宇以錫箔爲飾遇制使若列國互市王（張本作至）郎盛陳儀衛以自儆備其民皆土室而居其尊官稱姑郎伽哪亘室稱南和達民多饒裕南和達一家胡椒有至數千（張本作十）斛象牙犀角西洋布珠貝香品若他所（張本作此正蓋誤今改）畜無算俗不尙鬼男子雞鳴而起仰天呦呦而呼哈喇嗌哈喇者天地父母之通謂也文字皆梵書貿易以錫行大都錫三斤當（張本有畢字）銀一錢耳牙儈交易搦指節以示數千金貿易不立文字指天爲約卒毋敢負者不產五穀米（張本作粟）稻皆暹羅嚂巄陂隄里所貨鬻俗禁食豕肉華人流寓或有食者輒惡之謂其厭穢也其地多酥酪富夷以和飯而啖雞犬鵝鶩常仰販於他國故一物之價五倍於華也民性獷悍而重然諾鈀鐵（刃也）不離頃刻生男二歲即造小鈀鐵而佩之一語不合便戢刃其胸死則刃者輒逃匿山谷蹤時乃出死者之家不復讐姑郎伽哪亦不復追論矣

海語卷一　四　粵雅堂校刊

《海语》关于马六甲王国苏丹王宫的记载

郑和在马六甲建立官仓的活动，不仅使刚刚兴起的满剌加王国得以摆脱暹罗的控制，而且为日后满剌加王国逐渐发展成为东南亚乃至东西方商贸中心奠定了坚实的物质基础。马六甲遗留有不少与郑和下西洋有关的遗迹，如明代黄衷《海语》中记载马六甲王国苏丹王宫“王居前屋用瓦，乃永乐中太监郑和所遗者。余屋皆僭拟殿宇，以锡箔为饰”。

马六甲三保山也叫“三宝山”，又名“中国山”，位于马六甲东北部，据说当年郑和下西洋时曾驻扎于此，故名。三保山也是马六甲历史最悠久的华人义山（公共墓地），面积达 25 公顷，有 12 500 个坟墓，其中许多是明代古墓。

马六甲三保山华人墓地

马六甲三保山的华人坟墓

三保山遗留有两口三宝井。关于井的来历，有两种不同的说法：一种说法是郑和当年驻扎于此时凿了七口井，供船队船员饮用，后来马六甲政府修路将其中五口井填埋，仅剩下大小两口井；另一说法是现存大井为明朝汉丽宝公主下嫁马六甲苏丹时所挖，又名汉丽宝井，亦称“工井”。历史上马六甲曾发生过多次干旱，最严重时当地其他所有的水井都干涸了，唯独这口大井没有枯竭。当地居民将此井奉为神井，筑起了护井围栏保护，井水被视作圣水，据说用此井中的水冲凉，能消灾祛病。

马六甲三宝井（大井，汉丽宝井）

马六甲三宝井（小井）

宝山亭亦被称为三宝庙（郑和庙），位于马六甲三保山西南麓，由马六甲第八任华人甲必丹蔡士章于清乾隆六十年（1795）所建，供马六甲华人清明节祭祖时休息之用，同时也是祭祀无主孤魂的祭坛。亭内供奉有三宝公郑和、天上圣母妈祖、福德正神（土地公）。

宝山亭匾额，马六甲第八任华人甲必丹蔡士章题写

马六甲宝山亭郑和石雕像

马六甲宝山亭（三宝庙）

二、印度尼西亚三宝垄

三宝垄，当地华侨称之为垄川，位于印度尼西亚爪哇岛中北部，相传郑和下西洋时曾到过此地，故而得名“三宝垄”。三宝垄是印度尼西亚中爪哇省的首府，也是爪哇岛仅次于雅加达和泗水的第三大城市和商港。三宝垄不仅城市名字来源于郑和，当地还保留有三保洞、三宝公庙等遗迹。

三宝垄三保洞

三保洞（三宝洞）和三宝公庙（三保庙或郑和庙）是三宝垄最为著名的与郑和有关的遗迹。

三宝垄三保洞洞口

根据三宝垄华人公馆的档案资料及相关传说，第一个到达三宝垄的中国人是郑和。明永乐十四年（1416）郑和第五次下西洋期间，当船队在爪哇岛北岸航行时，副使王景弘忽患重病，郑和船队在三宝垄的塞蒙安河入海口（即后来的船舡港口）停泊，在附近找了个山洞（即后来的三保洞）将王景弘安置于此疗养，船队则继续航行。王景弘病好后率领随员在此定居，三宝垄从此繁荣发展起来。三保洞立有“圣山圣洞”的牌楼，内深数米，面积约 10 平方米。洞中石壁上供奉有郑和神像，相传是王景弘当年率众参拜时所置，两旁刻有“受命皇朝临海国，留踪石洞庇人寰”的对联。

三宝垄三保洞中供奉的三宝公神像

三宝垄三宝公庙主体建筑（左、中、右三殿）

三宝垄三宝公庙中殿“三保大人”匾额

三宝垄三宝公庙郑和铜像

三宝垄三宝公庙左殿（铁锚殿）供奉的郑和船队遗物大铁锚

三宝公庙（郑和庙）位于三保洞前，为三座中国式的殿宇。中殿三保大人殿供奉三保大人郑和塑像；左殿铁锚殿供奉一个两米长的大铁锚，据称是郑和船队所用，用于祭祀牺牲的船员；右殿船舡爷庙供奉的是郑和下西洋副使王景弘及其随从的棺椁。三宝公庙初建于1434年，重修于1931年。此外，三宝公庙旁边还有一座福兴庙，供奉郑和使用过的关刀。

三宝垄三宝公庙中殿三保大人殿

18 世纪中期，犹太裔地主约翰内斯取得三保洞及其附近土地的所有权，向华人收取高额的祭祀费用，当地华人转而祭拜离三保洞不远的大觉寺中的保生大帝雕像，并称之为“小三宝”，后来又从中国请来一尊郑和雕像，并供奉在大觉寺中。直到 1879 年，当地富商黄志信从犹太裔地主手中购得三保洞及其附近的土地，才将三保洞免费开放，三保洞的香火再次旺盛起来。

相传农历六月三十日是郑和当年在三宝垄登陆的日期，每年的这一天，当地华人都会组织盛大的纪念活动，人们抬着三宝公的神像上街游神巡境，并伴以舞龙、舞狮、唱戏等活动，热闹非凡。每逢农历初一和十五，当地华人都会到三宝公庙祭拜，以示纪念。

三宝垄大觉寺的三保大人（郑和）神像

三保大人刀，现藏于厦门华侨博物院

在印度尼西亚还发现了两把三保大人刀，相传是当年郑和船队到爪哇时遗留下来的。其中一把长 32 厘米，刀身两面各有 5 个涡纹，一面刻有“三保大人”字样，另外一面刻有“三保公”字样。另一把刀略短，长 29.7 厘米，刀身一面纹龙，铭文“三保公”，另一面为一位文官人像，铭文“三保大人”。

三、泰国阿瑜陀耶三宝公寺

郑和曾于永乐五年（1407）和永乐七年（1409）两次到访当时暹罗的首都大城（今阿瑜陀耶），在中国史籍中也留下了许多有关郑和在暹罗古都大城的传说和记载，例如明代张燮《东西洋考》一书记述了暹罗国许多与郑和有关的形胜名迹。

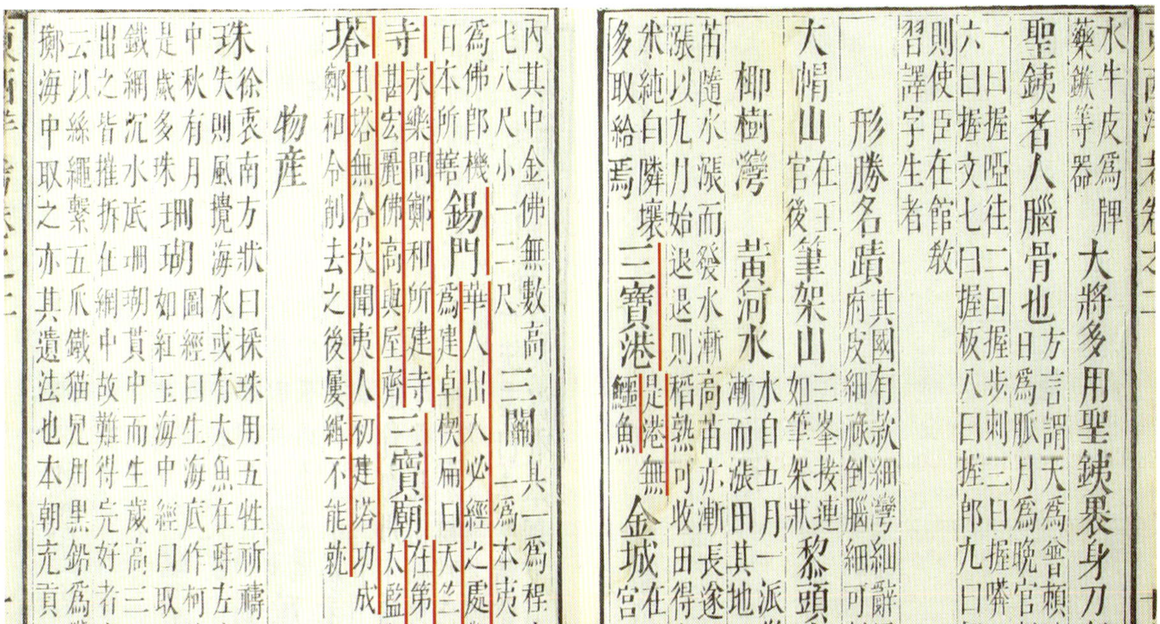

《东西洋考》“暹罗”条记载了暹罗国许多与郑和有关的形胜名迹

此外，在清代陈伦炯《海国闻见录》“南洋记”条中也有如下记载：“相传三宝到暹罗时，番人稀少，鬼祟更多，与三宝斗法，胜许居住。一夜各成寺塔，将明而三宝之寺未及覆瓦，视鬼之塔已成，引风以侧之，用头巾顶插花代瓦幔覆。今其塔尚侧，三宝寺殿今朽烂，棕绳犹存于屋瓦。”同书还描述了郑和为暹罗国人治病的情景：“番病，每向三宝求药，无以济施。药投之溪，令其水浴。至今番唐人尚以浴溪浇水为治病。”

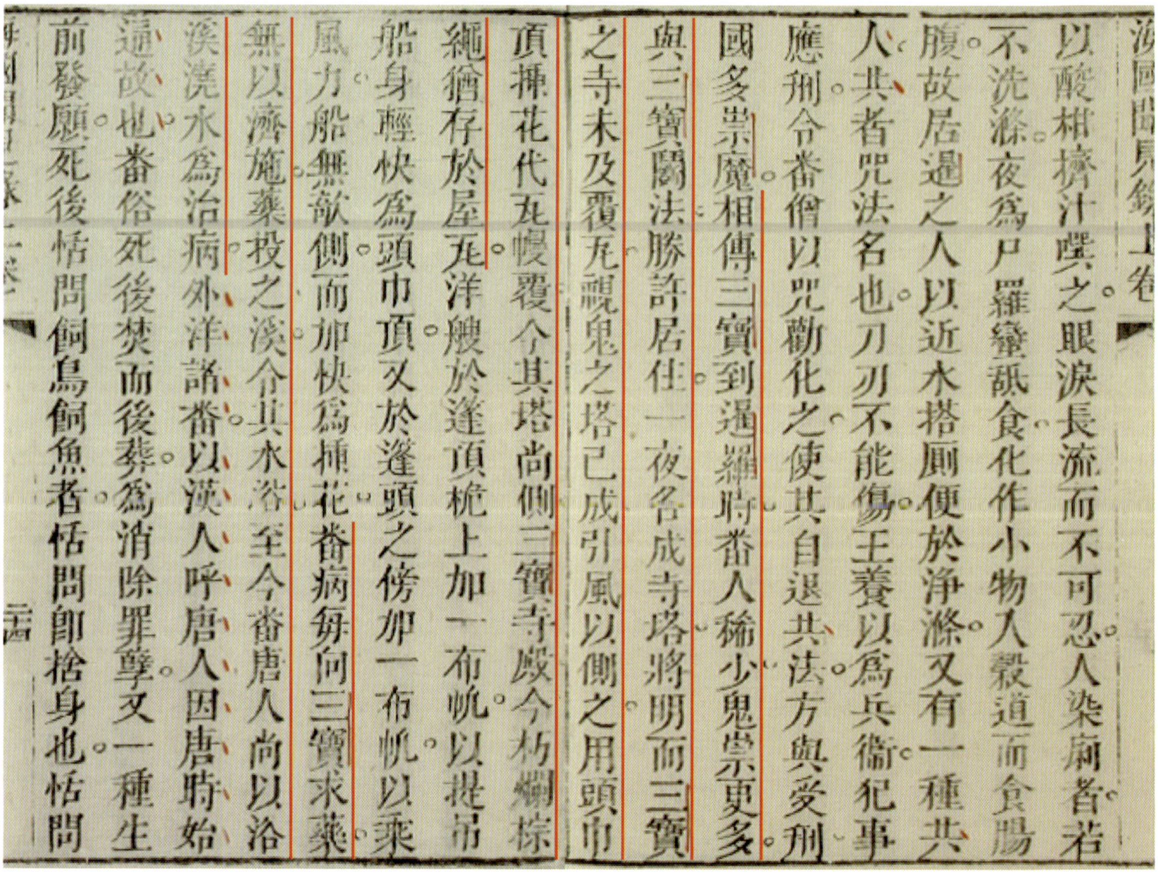
海國聞見錄　上卷

以酸柑擠汁灘之眼淚長流而不可忍人染痢者若
不洗滌夜爲尸羅蠻舐食化作小物人穀道而食腸
腹故居暹之人以近水搭廁便於淨滌又有一種共
人共者呪法名也刀刃不能傷王養以爲兵衛犯事
應刑令番僧以呪勸化之使其自退共法方與受刑
國多崇魔相傳三寶到暹羅時番人稀少鬼祟更多
與三寶鬬法勝許居住一夜各成寺塔將明而三寶
之寺未及覆瓦視鬼之塔已成引風以側之用頭巾
頂插花代瓦幔覆今其塔尚側三寶寺殿今朽爛棕
繩猶存於屋瓦洋艘於篷頂桅上加一布帆以提吊
船身輕快爲頭巾頂又於篷頭之傍加一布帆以乘
風力船無欹側而加快爲插花番病每向三寶求藥
無以濟施藥投之溪令其水浴至今番唐人尚以浴
溪澆水爲治病外洋諸番以漢人呼唐人因唐時始
通故也番俗死後焚而後葬爲消除罪孽又一種生
前發願死後恬問飼鳥飼魚者恬問即捨身也恬問

《海国闻见录》“南洋记”条关于郑和的记载

泰国阿瑜陀耶三宝公寺

在上述史籍中均提到的暹罗三宝庙、三宝寺，就是至今仍存的泰国阿瑜陀耶三宝公寺。阿瑜陀耶的三宝公寺泰语名为巴南清庙，位于阿瑜陀耶湄南河与楠巴沙河交汇处的湄南河东岸，这个地区是早期华人聚居地。

泰国阿瑜陀耶三宝公寺远景

泰国华人敬奉的三宝佛祖公

泰国阿瑜陀耶三宝公寺内的大佛金像

据泰国文献记载，巴南清庙始建于1324年，历史上经过多次修复，佛殿里有一座坐禅佛像，正面宽14米，高19米，外镀金色，泰国人称为“銮抱多”（意思是非常大的佛像）。

据记载，郑和在暹罗国都逗留期间，作为明朝使节极有可能参与了暹罗王室在该寺举办的盛大仪式并献礼。泰国华人以此为荣，并认为寺中的巨大坐佛是三保太监郑和的化身，因此该寺被当地华人称为“三宝公寺”，寺中大坐佛也被尊称为“三宝佛祖公”。寺内有许多颂扬三宝公郑和的楹联，如：“三宝灵应风调雨顺，佛公显赫国泰民安”“七度使异邦有明盛纪传异城，三宝驾慈航万国衣冠拜故都”。可见郑和在泰国华人心中的崇高地位。

第四章

东南亚地区早期的福建籍华人社会组织及民间宗教信仰

东南亚是海外华人华侨最集中的地区之一，同时也是福建籍华人华侨的主要聚居地。早期东南亚各地的福建籍华人移民建立的社会组织机构主要分为两种：以神坛庙宇为核心建立起来的华人社团组织、管理机构和由西方殖民当局任命的华人官员组织起来的集司法、民政及社会公益福利事业为一体的华人半自治组织机构。前者以马六甲的青云亭、新加坡的恒山亭及天福宫等为代表，后者以荷属东印度首府巴达维亚华人公馆（吧国公堂）最为典型。

注生娘娘（临水夫人）、广泽尊王（郭圣王）、保生大帝（吴真人）、清水祖师、天上圣母（妈祖）是福建地区民间宗教信仰的典型代表，随着福建人下南洋移民活动的进行，这些神明也被带到了定居地，福建民间宗教信仰随之传播到了东南亚各地。

第一节 东南亚地区早期的福建籍华人社会组织

明清时期，随着福建海外贸易的不断发展，福建沿海居民也开始大量向东南亚地区移民。早期东南亚各地的福建移民建立的社会组织机构大致分为两种：其一是以神坛庙宇为核心建立起来的华人社团组织和管理机构，诸如马六甲的青云亭、新加坡的恒山亭及天福宫等；其二是由西方殖民当局任命的华人官员组织起来的集司法、民政及社会公益福利事业为一体的华人半自治组织机构，这种类型以荷属东印度首府巴达维亚吧国公堂为典型。

一、马六甲青云亭

马六甲青云亭坐落于马来西亚马六甲庙堂街，是马来西亚最古老的华人庙宇。早在青云亭未建立之前，马六甲华人领袖郑芳扬和李为经就带头集资购置了马六甲北隅三保山周围的100多亩丘陵，作为马六甲华人的义山坟场，当地人因此改称三保山为中国山。

马六甲三保山的华人义山

马六甲三保山发现的最早华人墓葬——黄维弘夫妇合葬墓

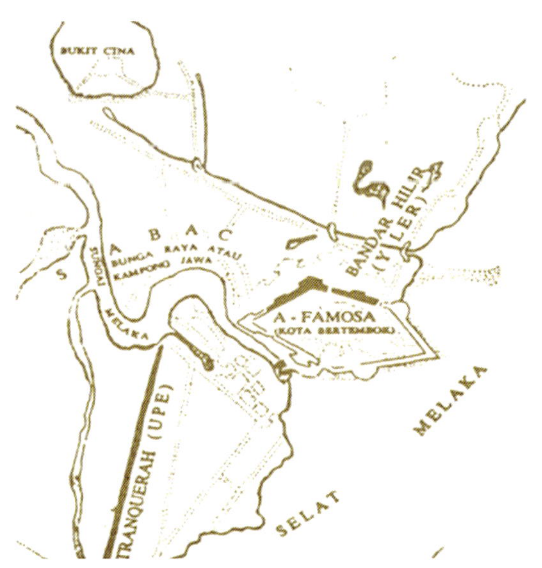

葡萄牙统治时期马六甲地图上的左上角已标有中国山

马六甲三保山现存最早的华人坟墓为明天启二年（1622）黄维弘夫妇合葬墓，墓碑上书："皇明显考维弘黄公、妣寿祖谢氏墓。壬戌年仲冬谷旦，孝男黄子、辰同立"。

青云亭是福建莆田龟山寺的下院，供奉的主神是观音菩萨，因此又称观音亭。在青云亭内还附祀有天上圣母妈祖和关圣帝君（关公）。早期马六甲的华人移民绝大多数来自福建漳泉地区，为了给旅居于此的福建乡亲提供一个祭祀神明及联络乡谊的场所，在郑芳扬和李为经的倡议下，清康熙十二年（1673），福建籍华商集资兴建青云亭，取“平步青云”之意，作为马六甲福建籍华人移民的领导机构，同时也作为福建同乡聚会及祭祀神明的庙堂。在葡萄牙和荷兰统治时期，青云亭同时也是华人甲必丹（荷兰语 Kapitein，上尉）的办公场所和解决纠纷的仲裁处，是马六甲华人的议事中心。

马六甲青云亭正殿

马六甲青云亭正殿主神观音菩萨

马六甲青云亭山门

马六甲宝山亭山门

马六甲宝山亭内《建造祀坛功德碑记》碑刻，清乾隆六十年（1795）立

清嘉庆六年（1801）甲必丹福建海澄人蔡士章所立《蔡士章奉献市厝碑》碑刻

清乾隆六十年（1795），为了给华人清明节祭拜先人及三保山“无主孤魂”提供一个祭奠的场所，马六甲第八任华人甲必丹福建海澄人蔡士章在三保山的西南山麓集资兴建了宝山亭。宝山亭为典型的福建闽南式建筑，亭内大殿悬挂有蔡士章于清嘉庆三年（1798）题写的“保障幽明”牌匾以及第九任甲必丹曾有亮于清嘉庆四年（1799）题写的“以承祭祀”牌匾，体现出宝山亭在当时马六甲华人社会中承担的丧葬祭祀的功能和发挥的作用。

马六甲宝山亭“保障幽明”牌匾

马六甲宝山亭“以承祭祀”牌匾

马六甲宝山亭大殿

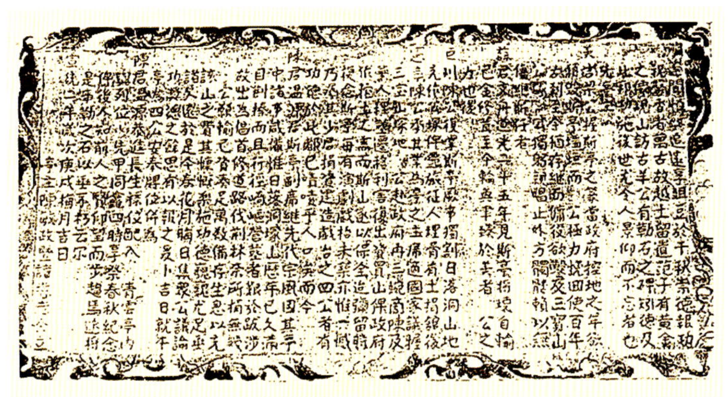

马六甲青云亭梁、薛、陈、陈四亭主及陈副亭主功德碑（1910年）

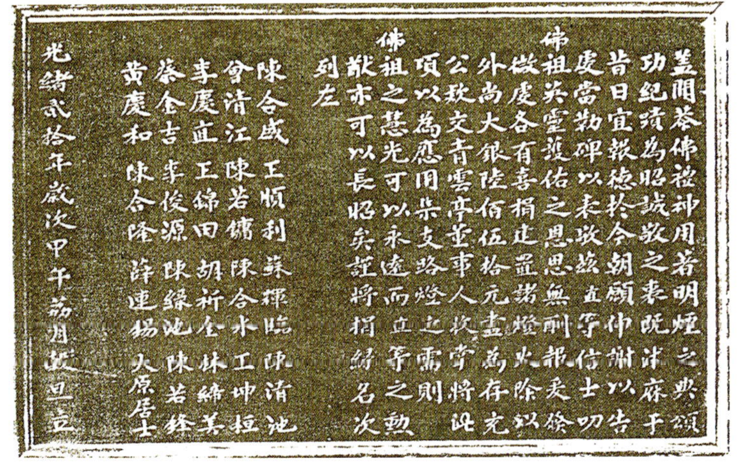

马六甲青云亭建置路灯木刻碑记（1894年）

1824年英国人接管马六甲之后，取消了甲必丹制度，于是，马六甲华人社会便自行推举首领，以青云亭亭主作为马六甲华人社会自治组织的领袖，行使与甲必丹同样的职责，青云亭亭主实际上就是马六甲华人社会的最高首领。从1824年梁美吉担任第一任亭主起，第二任亭主薛佛记，第三任亭主陈金声，第四任亭主陈明水，第五任亭主陈明若，到第六任也是最后一任青云亭亭主陈若淮退任，历任青云亭亭主均为福建（漳泉地区）人。青云亭名下的义山、义学、慈善堂和议事堂等附属机构，全方位负责马六甲华人社会的丧葬、教育、医疗以及诉讼等各方面的事务。

清光绪二十九年（1903）订立的《呷国青云亭条规簿》中记载了许多有关马六甲华人社会的人事规定，这足以证明直到20世纪初期，青云亭依然具有处理马六甲华人事务的权力。《呷国青云亭条规簿》实际上可以视为华人在马六甲订立的乡约，其中有关宗教信仰活动方面，除了规定组织马六甲华人宗教信仰掷筶选举的人事原则外，也规定了对违反者的处罚方式，足以证明青云亭在处理地方华人事务方面的威权。

马六甲第二任甲必丹李为经画像

甲必丹李公济博懋勋颂德碑

早期移居马六甲的华人大多为明朝遗民，具有强烈的反清复明意识。青云亭内供奉的郑芳扬牌位上书："大明显考芳扬郑府群神主，不孝子玄奉祀。"同时亭内保存的《甲必丹李公济博懋勋颂德碑》中，对第二任甲必丹李为经也有"因明季国祚沧桑，遂航海而南行，悬车此国，领袖澄清……"的记载。李为经的二女婿第四任甲必丹曾其禄的神主牌位也标注是"避难义士"。1698年，一个到中国请求通商的法国使团在归国途中经过马六甲，使团成员弗罗吉参观了青云亭，回国后在其《一个法国使节团出使中国的航行日记（1698—1700）》中，将青云亭称为"华族难民庙堂"，可见青云亭所具有的强烈的反清复明政治色彩。

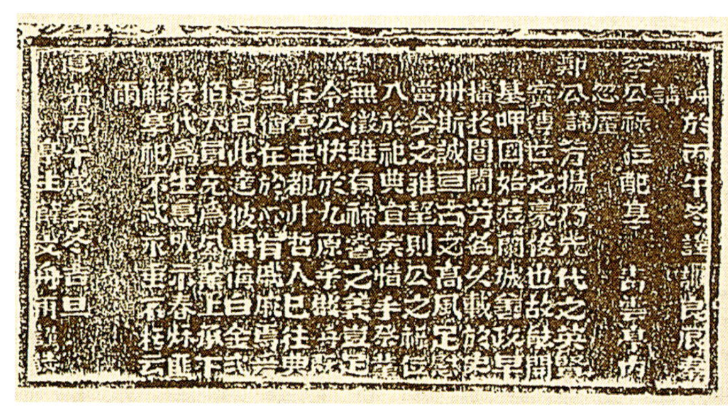

马六甲青云亭奉祀的郑芳扬禄位碑（1846年）

二、巴达维亚吧国公堂

巴达维亚（今雅加达）原为爪哇万丹国的属地，中国史籍称之为“噶喇吧”，简称“吧国”。1619 年荷兰东印度公司占领该地后，将其改名为巴达维亚，华侨简称为“吧城”。巴达维亚华人公馆，中文史籍称之为“吧国公堂”。

吧国公堂的历史最早可追溯到 1620 年荷兰人在吧城设立的华人甲必丹制度。荷兰人任命富有且有威望的华人甲必丹管理华人的内部事务，以达到“以华制华”的目的。据吧城华人历史文献《开吧历代史纪》记载，明万历四十八年（1620）九月，荷兰东印度公司第三任总督彼得郡（燕·彼得逊·昆）任命来自福建同安（今厦门同安区）的富商苏明光（苏鸣岗）为吧城首任华人甲必丹，协助荷兰人处理吧城华人内部的民政事务。

吧城华人首任甲必丹苏明光（苏鸣岗）陵墓（2008 年重修）

開吧歷代史紀
大明皇帝萬歷三十八年歲次庚戌十二月
即和1610正月和蘭祖家王初命庇直物巡行
西南沿海爪鴉番郡國便宜行事庇直物
駕甲板船揚帆至和十二月始到萬丹港
口時有紅毛番鎮守萬丹庇得物又巡行
吧地
萬曆四十一年歲次癸丑即和1613年祖家
王又命呀力能氏再駕甲板船往察虛實
呀力能氏揚帆至

萬曆四十七年和五月庇得郡令人請唐
人來吧生理禁唐船不得再往萬丹交商。
庇得郡又築城牆開港造橋草創略備申
文報知祖家王。此時唐人來吧貿易利息
數什倍。吧國初定俱用元通銅錢出入是
以聞風而來者愈眾時有百十人家而已。
萬曆四十八年庚申九月即和1620年十月十
三日祖家王令甲板船賫文來吧交大王庇
得郡令議立一位唐人為甲大。庇得郡即
擢蘇明光為唐人甲必丹大。公班衙勅

吧城华人历史文献《开吧历代史纪》，现存荷兰莱顿大学汉学院图书馆

吧国公堂之印（中荷双语），现存荷兰莱顿大学汉学院图书馆

雅加达（华人）公馆之印（马来语），现存荷兰莱顿大学汉学院图书馆

吧城华人社会以福建籍移民为主，清代徐继畬所著《瀛寰志略》有言："噶罗巴，漳泉之民最多，有数世不回中华者。……为甲必丹者，皆漳泉人。"随着吧城华人人口的不断增加，荷兰殖民当局又任命若干华人为雷珍兰（荷兰语 Luitenant，中尉），以协助甲必丹共同处理吧城华人的民政事务。

吧国公堂建立于清乾隆七年（1742），时任吧城华人甲必丹林明光向荷兰殖民当局请建甲必丹嘧喳唠厅（公堂）。关于吧国公堂的设立过程及其设立的本意，清咸丰十一年（1861）撰立的《吧公堂记》木刻碑记中有较为明确的记载："夫曰'公堂'何？公者，平也，平公察理；堂者，同也，同堂论事。情有真伪，事有是非，非经公堂察论，曷以标其准！追溯厥初，乃和□，即我大清乾隆七年，大王伴熊木命甲大维翰林公营置一厦为公堂。吧城之北，涖面通衢，堂高数仞，轮奂备美。庭前建大纛，扉绘荼垒，俨然唐官衙之威风云尔。……"

《吧公堂记》木刻碑记之一，现存荷兰莱顿大学汉学院图书馆

1742 年吧国公堂设立之初，地点位于吧城城北的旗竿街。19 世纪初期以后，随着巴达维亚城市的发展，吧城华人居住区逐渐向城南的商业区迁移，并成为吧城华人的主要聚居地，大多数华人官员及华人居民都住在吧城南部。及至陈炳郎为甲必丹（1808—1810）时，遂在吧城城南中港仔就近“备一公馆，为日日勘案之所”，因此吧国公堂又称为“吧国公馆”。19 世纪 20 年代，吧城华人甲必丹高长宗向荷印当局申请在吧城城南的中港仔兴建宅第作为其实际的办公处。1861 年，吧城首任华人玛腰（荷兰语 Majoor，少校）陈永元以公堂的名义和资金买下这座建筑物，从此以后，公堂、公馆遂合二为一。

在吧国公堂《公案簿》档案中保存有吧国公堂 1861 年为置买公馆而上书荷印总督的呈文原稿。

列堂告戒我唐人凡遇和人近前不論有職無職除水首無
籍人以外當禮貌相加余經告知諸默氏矣存案
補録和𠷉　本堂上書
王上懇准發　公堂蓄項銀捌仟盾置買
公館詞云夫唐人之公館即唐人之公堂也爰稽伊始乃和
一千七百四十二年迨今歷有餘百載舉凡唐人之事不論
大小或告或訴咸歸於此申理于此即案籍婚簿以及銙
櫃亦皆存貯于此此
公館之關于唐人固甚大焉曩因
公堂有未蓄積無力置屋永為公館故兩次播移和
在棋杆脚后移中港仔致
公堂案簿婚籍多有遺失其時　公堂列位先公豈不知
公館累移之不善其如有未志逮何及和𠷉　公堂乃書
王上懇賜准告貸于和唐二美惜甘之項始置丹絨式里陂二地以
為原本嗣后賣墳收稅支開
公堂該用餘累年拌還二處欠項至和𠷉纔得清楚餘存之
項又置葱地致價銀兩萬伍仟盾自此之后逐年费餘之
項蓄積至今存在櫃内雖曰不多約而計之肆拾仟盾矣此

1861 年吧国公堂为置买公馆上书荷印总督的呈文，现存荷兰莱顿大学汉学院图书馆

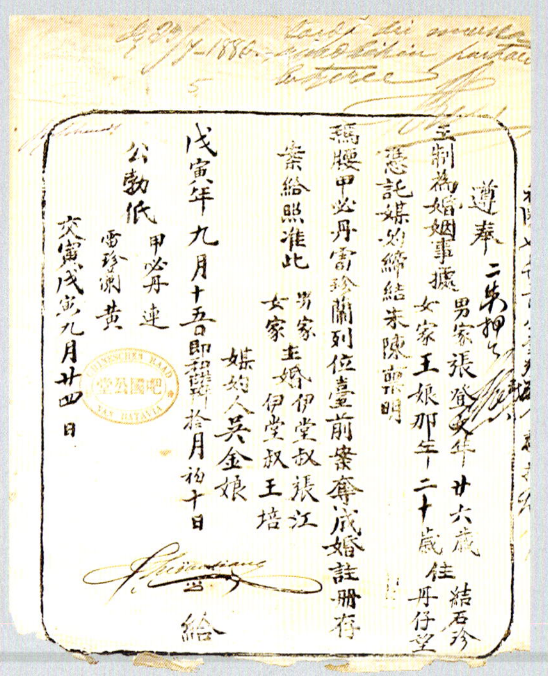

吧国公堂成婚注册存案，现存荷兰莱顿大学汉学院图书馆

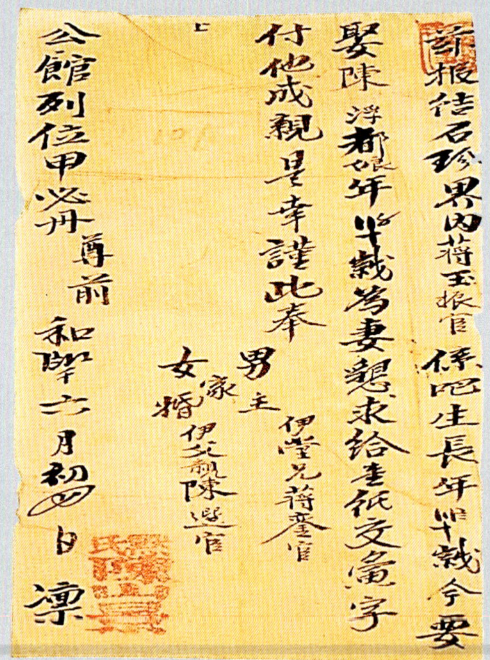

吧城华人结婚申报书，现存荷兰莱顿大学汉学院图书馆

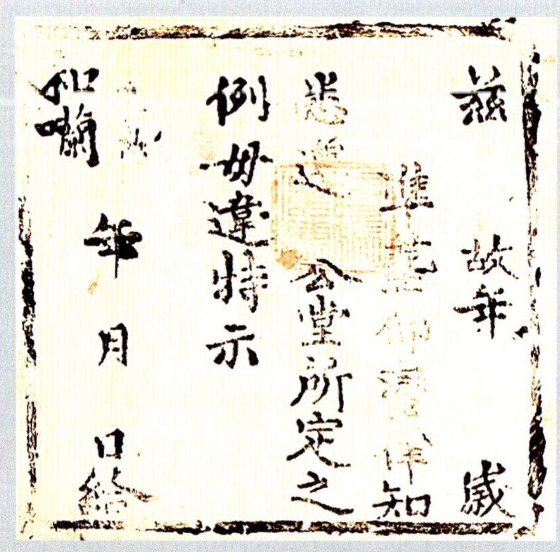

吧国公堂准葬通知书，现存荷兰莱顿大学汉学院图书馆

吧城观音亭（金德院）大殿

创建于1792年的吧城安恤大伯公庙

19世纪末吧城新巴杀华人居住区

吧城小南门华人居住区（1910年）

与一般的东南亚华人民间组织或团体有所不同，吧国公堂是由荷兰殖民当局委任吧城华人官员以中国传统习惯来处理华人社会内部事务的管理机构。吧国公堂的主要职能在于处理吧城华人的民政事务，诸如：华人的经济纠纷，结婚的注册登记与离婚案的审理，华人社区治安的维护，户口的登记与管理，唐船的检查，寺庙的巡查，义学、救济院与寺庙的捐款，道路桥梁的修建，坟地的分配，以及荷印殖民当局下达的有关华人案件的调查和审理，等等。在某种程度上，公堂是将司法、民政以及社会公益福利事业的管理组织机构融为一体，集官府衙门、慈善公益机构和地方庙宇组织等众多社会功能于一身。

《公堂奉书荷印当局除唐人新客禁令》，现存荷兰莱顿大学汉学院图书馆

吧国公堂作为一个介于荷印政府与华人社会之间的半自治的社会组织机构，在荷印殖民体系中处于“上自国计，下及舆情，莫不由此而折衷”的中介地位，因而在一定程度上能够从中尽力维护华人的合法权益，并不失时机地向荷印当局提出一些合理建议和要求，例如1846年4月24日《公堂奉书荷印当局除唐人新客禁令》，就是公堂为维护华人利益呼吁荷印当局解除华人新客入境禁令的陈情书。

吧国公堂自建立之日起，一直到20世纪初期，其名下所有产业，既不能转让也不能出卖。公堂名下产业出租及承包所获得的款项，一直是吧国公堂的主要收入来源。第二次世界大战以后，由于吧国公堂在日本占领时期及战后初期失去了许多以前具有的行政功能，吧国公堂因此被解散，并重新组合到各个分散的寺庙基金会和义冢社团之中。

20世纪初身着官服的吧城华人甲必丹

1930年的吧国公堂

1930年的吧国公堂议事厅

吧国公堂议事厅内的木刻对联

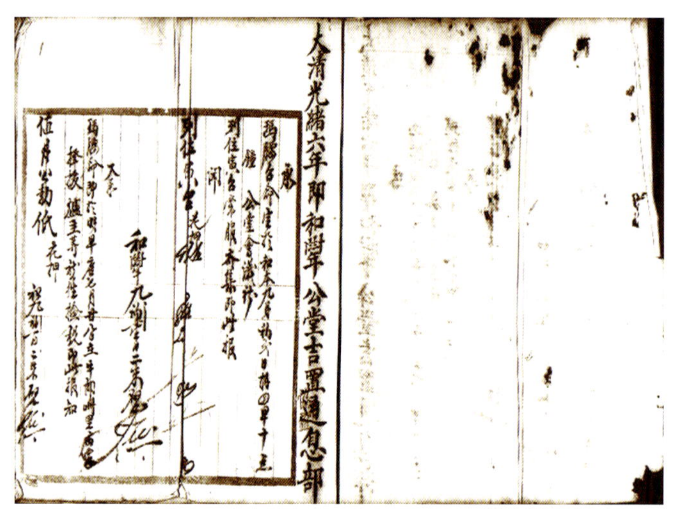
吧国公堂《通知簿》书影

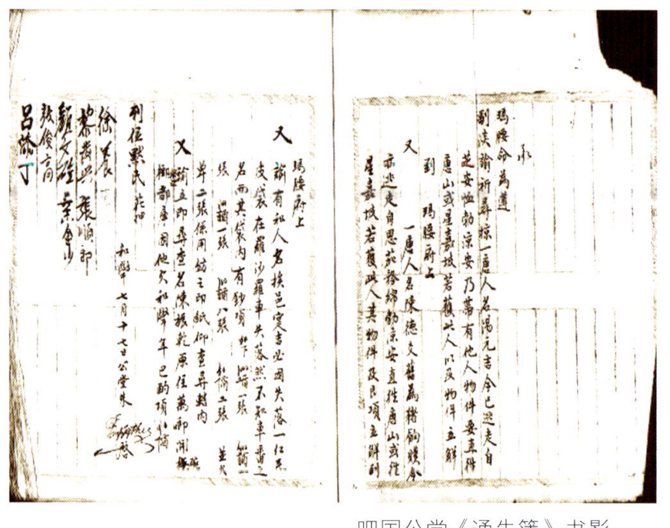
吧国公堂《通告簿》书影

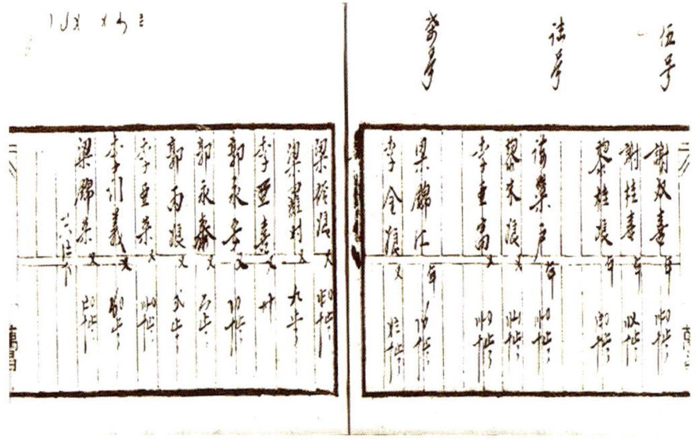
吧国公堂《户口簿》书影

吧国公堂是东南亚历史最悠久的华人社会组织机构，同时它也留下了极其丰富的历史档案。这些档案现存于荷兰莱顿大学汉学院图书馆，涵盖时间从1772年一直到1950年。档案共分为九大类：《公堂通告簿》《公堂公案簿》《户口簿《公堂清册簿》《婚姻簿》《塚地簿》《金德院簿》《寺庙簿》《文化教育簿》。这些档案绝大部分为中文，内容涉及吧城华人社会的政治、经济、司法、宗教以及文化教育等方面，记录了吧城华人社会近两个世纪的发展历程，极具史料价值。而且其档案数量之多、记录年代之长久、保存之完整，堪称海外华人档案之最。

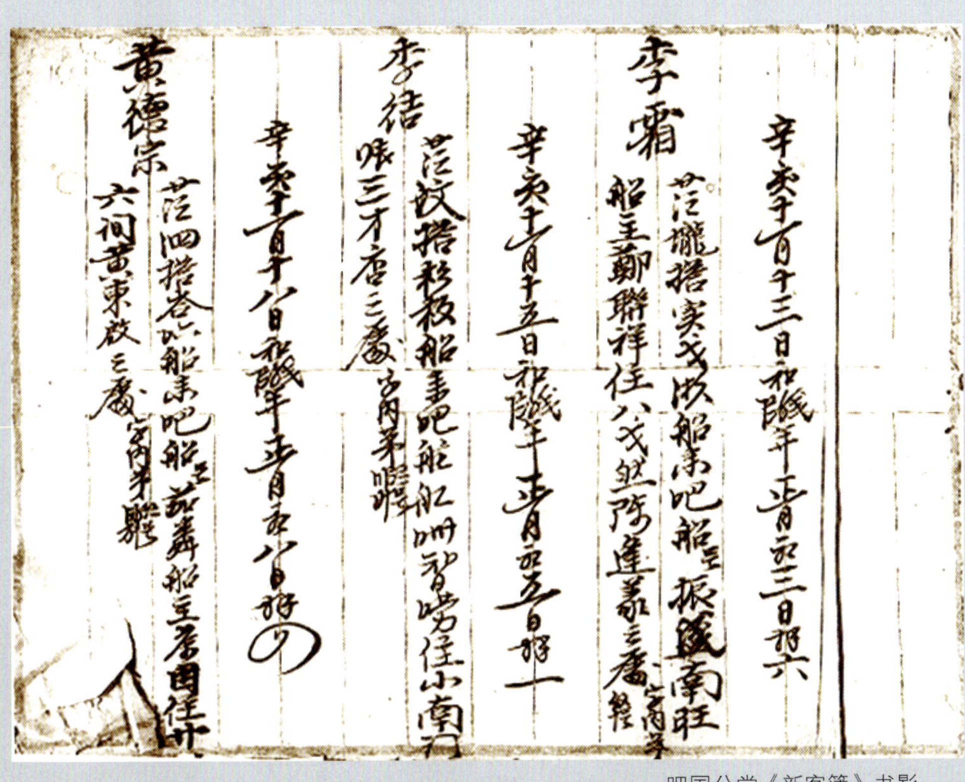

吧国公堂《新客簿》书影

吧国公堂《公案簿》（1787 年）书影

吧国公堂《公案簿》（1920 年）书影

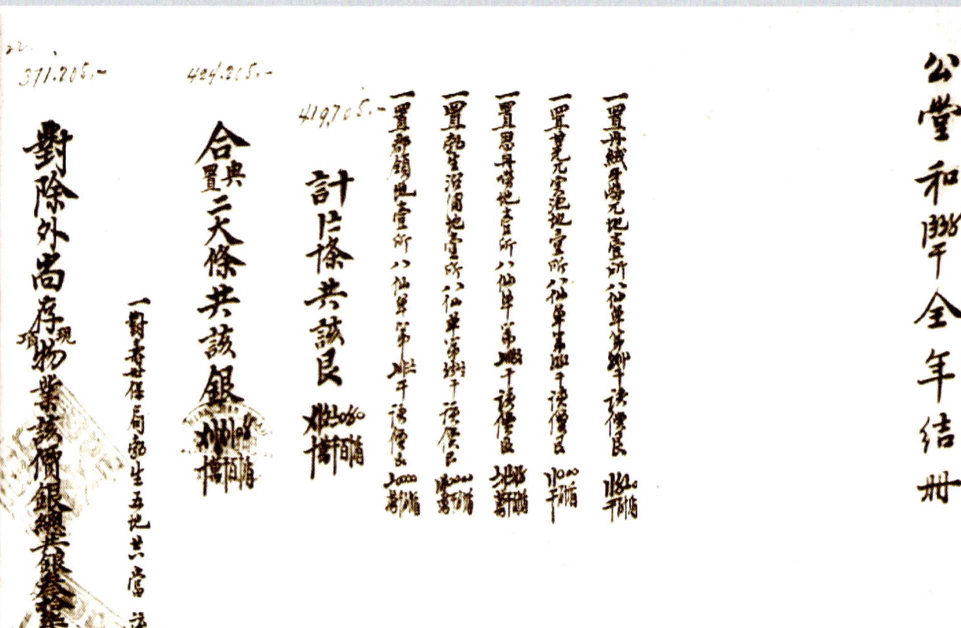

吧国公堂《清册簿》书影

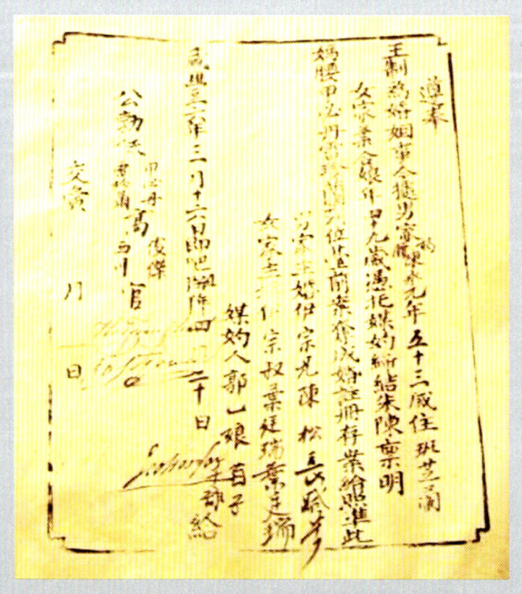

吧国公堂《婚姻簿》书影

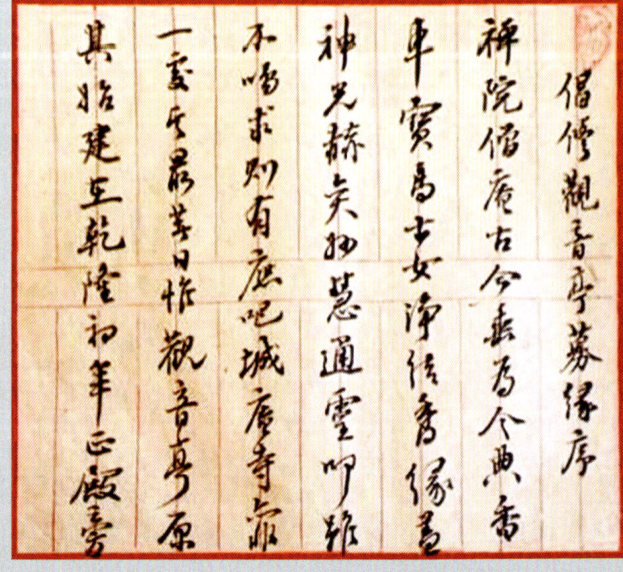

吧国公堂《寺庙簿》书影

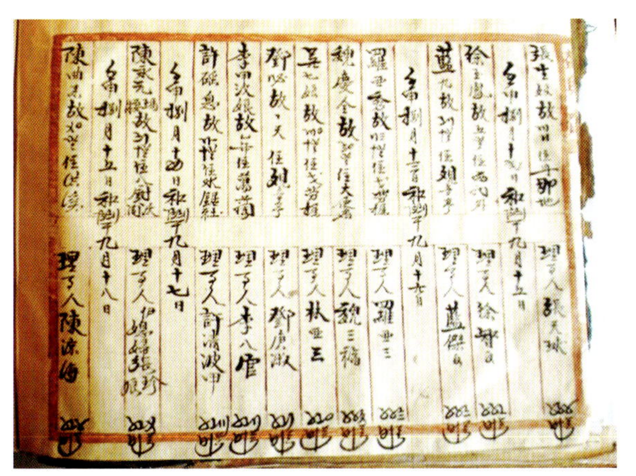

吧国公堂《塚地簿》书影

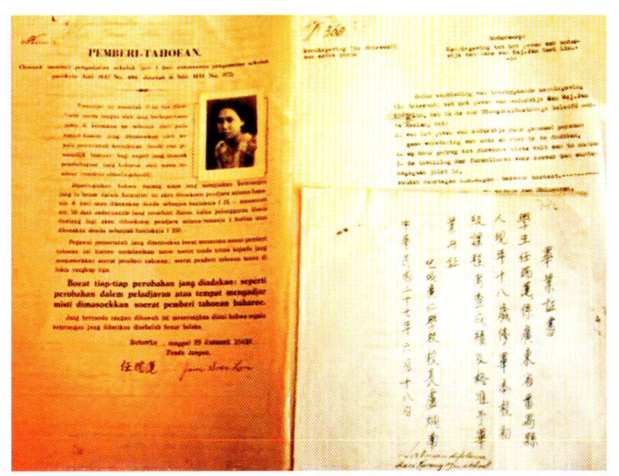

吧国公堂《文化教育簿》书影

吧国公堂《公案簿》书影

从文献学的角度而言，吧国公堂档案体现出极为浓厚的福建闽南方言文体特色。绝大多数的档案文献不仅均以闽南方言的表述形式来记载和书写，而且档案中涉及的荷兰语、马来语等外来语词汇，也都采用闽南方言的音译。公堂档案文献文风朴拙、词杂俚鄙，构成了极具福建地方方言特色的珍贵历史文献，在方言学、语言学乃至中外文化交流等学科和领域的研究方面也有重要价值。

新加坡开埠初期扮演重要角色的恒山亭，于1992年5月毁于大火

三、新加坡恒山亭与天福宫

新加坡的早期社会，是建立在私会党所结集的“帮”的体系上的。19世纪的新加坡华人社会主要分为讲闽南语的福建帮、讲潮州话的潮州帮、讲广府方言的广府帮、讲海南话的海南帮和操客家话的客家帮五大帮，而以讲闽南方言的漳州府、泉州府和永春县的福建移民为代表的福建帮构成新加坡华人社会的主体，是新加坡华人社会发展和建设的主力。当时福建帮内的主要领导成员，大都是从马六甲移居新加坡的漳州和泉州籍商人。福建帮人口众多，财力雄踞各帮之上，凭借着这两项优势，福建帮得以长期领导新加坡华人社会。福建帮围绕在以恒山亭、天福宫为中心的侨团机构下面，在文教、市政建设、医疗卫生等领域卓有建树，对早期新加坡华人社会的发展做出了巨大贡献。

新加坡恒山亭大殿

薛佛记是新加坡福建帮的开山鼻祖。薛佛记（1793—1847），字文舟，1793 年生于马六甲，祖籍福建漳浦。新加坡开埠后，薛佛记从马六甲到新加坡经商，当时大量华人涌入新加坡，为满足旅新乡侨的丧葬祭奠所需，1828 年，薛佛记带头捐款，在石叻路兴建恒山亭，作为旅新漳、泉人士的坟地，后来更进一步成为旅新华人集合和议事的场所，是当时福建帮的总机构，实际上也是新加坡华人社会的最高领导机构。

恒山亭正厅中央的神龛所供奉的是福德正神，俗称大伯公，左边是城隍爷公，右侧供奉注生娘娘。亭内正殿上有薛佛记 1828 年题的“福弥春秋”横匾。薛佛记捐款占总建筑费用的 14.3%，位列第一，加之薛佛记为人慷慨仁义，深得侨民爱戴，被推为恒山亭第一大董事，成为新加坡福建帮的开山鼻祖。

薛佛记画像

薛佛记身着清朝官服画像

新加坡恒山亭的“福弥春秋”横匾

《恒山亭重议规约》木牌

薛佛记对新加坡华人社会的最大贡献就是通过“慎终追远”的传统观念把荒冢的管理组织规模化、制度化。规模化是指扩建恒山亭；制度化即成立管理委员会，制定管理条规，开日后华族庙宇管理的先河。根据1830年立的《恒山亭碑》记载，恒山亭建成后，成立一个十人领导层，类似管理委员会，为首的称大董事，设五名大董事、五名总理。1836年，薛佛记召集管理委员会及一些炉主、老板、漳泉籍商人，订立了《恒山亭重议规约》，规定“漳泉邑人之船舶，需捐资若干，始允下葬于恒山亭”，凡在新加坡的漳泉人士和来新加坡的漳泉籍船主、商人必须遵守规约，否则不能在祠庙里祈神庇佑，本人和伙计身故后不许葬在坟山等。

恒山亭的日常运作与管理由值年炉主和恒山亭和尚具体负责。值年炉主在每年清明掷“告茭”产生，一经产生，便需负责当年在清明节、中元节和中秋节举行的祭祀活动，具体包括准备祭品、筵请众头家、维持坟山秩序等。此外，值年炉主还需负责日常葬务，凡系漳泉人身故者，须先在值年炉主处开单证明，方可入葬。在值年炉主之下，设有恒山亭和尚一人，协助值年炉主处理日常事务。

陈金钟墓

1840年天福宫建立后，恒山亭仍然以其基本的营葬和祭祀的功能继续为社群服务，是福建人社群组织不可或缺的组成部分。

新加坡天福宫正门全景

1839 年，福建帮开始在漳泉人士聚居的直落亚逸街建设新的庙宇——天福宫，历时三年建成，福建帮总机构的会所也由恒山亭迁到了天福宫。天福宫规模宏大，宫殿巍峨壮观，建庙用的花岗石柱、木祭台等建筑材料都是从福建运来，就连庙里供奉的妈祖神像也是 1840 年从中国请来的，当时还举行过一次热烈的迎神赛会。

新加坡天福宫左护室“画一轩”

天福宫是一座具有典型闽南建筑风格的宫庙。左护室“画一轩”，为福建会馆办事场所；右护室“德盛祠”，为福建同乡供奉先人神主牌位所在。天福宫正殿高挂着光绪皇帝 1907 年赐的九龙匾，上书“波靖南溟”，在“波靖南溟”匾额之下则是当时的天福宫大董事陈笃生立的“泽被功敷”匾额，此外还有清政府派驻新加坡的领事左秉隆奉献的“显彻幽明”匾。

新加坡天福宫右护室“德盛祠”

新加坡天福宫首任大董事陈笃生画像

新加坡天福宫福建会馆首任主席陈金钟画像

根据1850年《建立天福宫碑记》，天福宫庙宇组织由三大董事、九大总理构成。三大董事中以捐款数额最多的陈笃生为首，福建帮开山鼻祖薛佛记为次，两人分别捐银3074.76元和2400元，说明福建帮最高领袖已由薛佛记转为陈笃生。

由于福建帮的实力最强，又由于共同的妈祖信仰，所以天福宫作为新加坡华人社会宗教活动中心的地位从未根本动摇，这也是福建帮领袖成为事实上的新加坡华人社会领袖的重要基础。1873年，立法议会议员里德（W. H. Read）指出："当时在新加坡至少有三位华侨商人起着甲必丹的作用，他们是陈笃生、陈金声和陈金钟。"而这三人均曾为福建会馆领袖，他们在作为福建帮帮主的同时，还作为殖民当局的代言人，"倾全力使本帮华侨服从英国的殖民统治，为稳定殖民统治秩序效劳"。

1860 年，为应对日益增多的世俗事务，天福宫在宫内设立依托于天福宫组织的福建会馆，会馆领袖直接由天福宫董事、理事兼任。换言之，福建会馆的产生并没有改变福建帮以天福宫为中心的领导格局，直到 20 世纪初，福建帮领导人在社会上的公开身份仍然是天福宫董事、协理，福建帮决议也是以天福宫的名义发布。天福宫庙宇组织持续发挥着福建帮最高领导机构的社会功能。

1844 年，为了使新加坡人看病方便，同时为了塑造其作为全新加坡华人社会的首领形象，陈笃生捐资在珍珠山上建立陈笃生贫民医院。1850 年陈笃生去世后，其子陈金钟及陈笃生遗孀继续其未竟事业。其他的福建帮人士，如陈明水、黄文德、颜永成，包括马六甲的太平局绅王绵威，都曾为医院捐地捐款。

新加坡天福宫福建会馆
（天福宫“画一轩”）

新加坡陈笃生医院

四、陈金声与新加坡早期的公益事业

陈金声，号巨川，祖籍福建永春昭善里丰山（今永春桃城镇丰山村），清嘉庆十年（1805）出生于马六甲，曾任马六甲青云亭第三任亭主。清嘉庆二十四年（1819），陈金声从马六甲到新加坡，起初开办金声公司，后来业务逐渐扩大，遂购置“丰兴号”轮船，开展海外贸易。数年后，陈金声又在马六甲和上海开设分公司，从此富甲星洲，成为新加坡福建帮的领袖。道光三十年（1850），英国殖民政府封陈金声为太平局绅。同治三年（1864），陈金声又被任为陪审员。在职期间，陈金声极力维护华侨的正当权益，受到广大侨胞的爱戴。

陈金声对新加坡当地的公益事业十分热心。1849年，陈金声即在天福宫左殿兴建崇文阁，作为华侨青年学习中文的场所，开新加坡华文教育的先河。在兴建崇文阁的过程中，陈金声带头捐款880元，其他福建帮富商洪俊成、黄崇文、许丝绵及曾举荐等人也都捐巨款积极响应。

陈金声画像

崇文阁匾额

新加坡崇文阁

20 世纪初的新加坡天福宫及崇文阁

新加坡萃英书院（旧址）

萃英书院匾额

1900 年前后新加坡萃英书院内读书的华人学童

新加坡金声桥及金声路

新加坡陈金声喷泉

1850年，陈金声捐资建造横跨新加坡河的大桥，铺设大世界游艺场前面的大路，后分别被命名为“金声桥”“金声路”。1854年，陈金声又与12名福建帮富商捐资在厦门街购地创办萃英书院。萃英书院具有义学的性质，“无论贫富家子弟咸使之入学”，是19世纪新加坡最有名的华人义学。萃英书院与英校莱佛士书院、马来文江沙马来学院一起并称为19世纪后期新加坡三大著名书院。此外，陈金声还捐款支持由陈笃生创办的贫民医院。

陈金声对新加坡社会的最大贡献是改善居民供水问题。1857年，陈金声捐款13 000元，敦促殖民当局兴建自来水库，由麦里芝引水至新加坡市区，但殖民当局迟迟不予办理，直到1862年新加坡又发生严重旱灾，才被迫开工，迟至1877年才建成第一期工程。为纪念他的功绩，殖民当局在伊丽莎白女皇道上建造了一座陈金声纪念喷泉，喷水池的底部用英文刻写：“此喷水池为市政当局所建，以纪念陈金声先生献款捐助新加坡自来水工程。”

第二节　东南亚地区福建籍华人移民的民间宗教信仰

民间宗教信仰，亦称民俗宗教信仰或通俗宗教信仰，是相对于有组织的宗教而言的。福建民间宗教信仰是中国传统宗教信仰的重要组成部分，具有悠久的历史。中国传统宗教信仰，是以上古泛灵崇拜为基础，并融合儒、释、道三教成分的一种综合性的宗教信仰。其信仰和崇拜的对象既有儒、释、道三教的神祇，又有神仙、精灵、鬼怪、先贤、祖先、英雄等。福建地区民间宗教信仰的对象，除祖先崇拜外，大多来源于道教和佛教。

福建沿海各地均有以本地的先贤、义士作为地方守护神来崇拜的传统。自唐宋以来，福建沿海地区陆续出现了注生娘娘(临水夫人)、广泽尊王(郭圣王)、保生大帝(吴真人)、清水祖师、天上圣母（妈祖）等地方性的守护神，这五位神明均为唐宋时期的福建地方历史人物，是福建地区民间宗教信仰的典型代表。

随着福建人下南洋移民活动的持续进行，他们也把各自家乡的神明带到了定居地，福建民间宗教信仰随之传播到了东南亚各地。

四神志略總序

廣澤尊王南安人保生大帝同安人清水祖師安溪人

天上聖母莆田人皆閩產也自五代至宋抑何其盛豈

山川之靈發洩殆盡故隆於昔而替於今耶儒者每見

世人之諂瀆求福妖妄滋惑齗齗持無鬼論殊失先王

神道設教之意庸詎知愚夫愚婦率悍然無所顧忌惟

一聞冥漠情狀輒自畏怖況南人信鬼藉此亦可補王

化所不及予島居日久習聞比戶崇奉郭吳陳林香火

事之如生因輯其崖略曰鳳山寺志略曰白礁志略曰

四神志略總序　一　冠悔堂彙刊

丁亥嘉平開彫
己丑修禊蕆工

清末福建侯官（今福州）人杨浚所著《四神志略》书影

一、广泽尊王信仰

广泽尊王俗姓郭，名忠福，系唐代平定安史之乱的功臣郭子仪十一世孙，后唐同光元年（923）出生于安溪金谷，自幼聪颖过人，孝顺父母。郭忠福 7 岁丧父，家境贫寒，为杨姓地主牧牛奉母，后来获机缘与其母迁到南安诗山居住。郭忠福 16 岁时在诗山坐化成神，自宋代以至清代，获得历朝皇帝的六次敕封，圣号：威镇、忠应、孚惠、威武、英烈、保安广泽尊王，简称广泽尊王。此外尚有郭圣王、郭王公、圣王公、保安尊王诸称号。

南宋开庆元年（1259），宋理宗加封郭忠福为“威武英烈广泽尊王”，并赐建寺宇用以祭祀，因诗山地形如凤盘舞，遂名为“凤山寺”。从此，福建南安诗山凤山寺成为广泽尊王的祖庭。

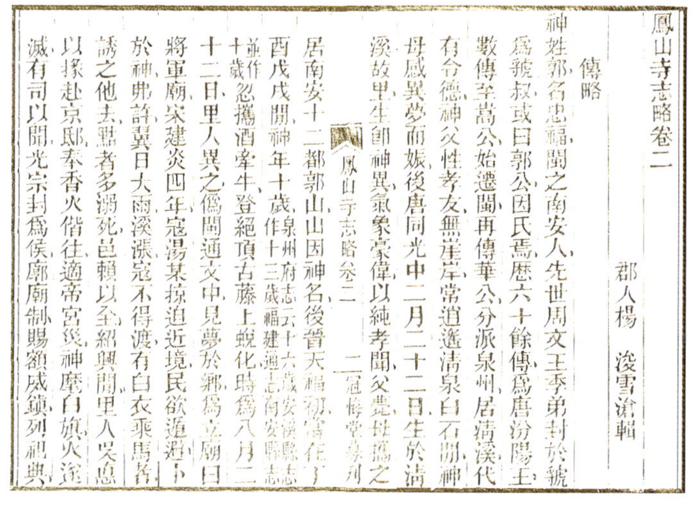

鳳山寺志略卷二

郡人楊 浚雪滄輯

傳略

神姓郭名忠福閩之南安人先世周文王季弟封於虢為虢叔或曰郭公因氏焉歷六十餘傳為唐汾陽王數傳至嵩公始遷閩再傳華公分派泉州居清溪代有令德神父性孝友無崖岸常逍遙清泉白石間神母感異夢而娠後唐同光中二月二十二日生於清溪故里生即神異氣象豪偉以純孝聞父歿扶攜之

鳳山寺志略卷二　二　冠悔堂專刊

居南安十二都郭山山因神名後晉天福初嘗在丁酉戊戌間神年十歲泉州府志云十六歲安溪縣志作十三歲福建通志南安縣志並作十歲忽攜酒牽牛登絕頂古藤上蛻化時為八月二十二日里人異之偽閩通文中見夢於鄉為立廟曰將軍廟宋建炎四年寇湯某掠迫近境民欲遁避卜於神弗許翼日大雨溪漲寇不得渡有白衣乘馬者誘之他去黠者多溺死邑賴以全紹興間里人吳惠以掾赴京邸奉香火偕往適帝宮災神麾白旗火遂滅有司以聞光宗封為侯廓廟制賜額威鎮列祀典

清末福建侯官人杨浚所著《凤山寺志略》书影

广泽尊王祖庭——福建南安诗山凤山寺

旧时南安人下南洋，临走前必定到凤山寺请一尊郭圣王神像，带一面凤山寺令旗，取一包香灰装在香火袋里，带到南洋。传说广泽尊王是“白目佛益外境”，“越远求越显灵”，所以深受东南亚华人华侨的喜爱和崇拜。他们在定居地集资建起具有中国建筑风格特色的凤山寺、威镇坛、保安宫、广泽尊王庙，祀奉广泽尊王，祈求郭圣王保佑海外游子身体健康、生意兴隆。广泽尊王的香火也因此分炉到我国港、澳、台地区，以及菲律宾、新加坡、马来西亚、印度尼西亚、越南、泰国等东南亚各地。

马来西亚槟城青草巷凤山寺为祖籍福建南安、永春、安溪三县的华人集资创建，主祀广泽尊王，据说创建于1805年，庙内有清同治三年（1864）所立的广泽尊王圣号“威武英烈”牌匾。

南安凤山寺广泽尊王古图

南安凤山寺广泽尊王神像

马来西亚槟城青草巷凤山寺

马来西亚槟城青草巷凤山寺“威武英烈”牌匾

马来西亚霹雳州安顺市福顺宫是马来西亚官方记载的当地最古老的华人寺庙，其历史可追溯到1845年，由福建籍华人从南安请来广泽尊王神像供奉在安顺市司马登河边的简陋神龛内，1860年迁至安顺市华人聚居的曾容区，1883年兴建安顺福顺宫，此后历经1887年、1895年以及1958年的数次修缮和扩建，形成现在的规模。

马来西亚霹雳州安顺市福顺宫侧面

马来西亚霹雳州安顺市福顺宫正面

马来西亚霹雳州安顺市福顺宫牌楼

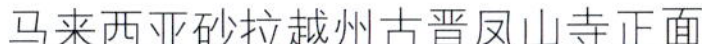

马来西亚砂拉越州古晋凤山寺正面

马来西亚砂拉越州古晋凤山寺俯瞰图

马来西亚砂拉越州古晋凤山寺位于古晋花香街与友海街的交界处，由主庙、侧庙以及戏台组成。该寺供奉的广泽尊王神像来自广泽尊王祖庭——福建南安诗山凤山寺。据记载，该庙早在1848年就已存在，1897年由古晋福建籍华商捐资重修改建，后归古晋福建公会负责管理。1985年和2000年，古晋福建公会又先后两次对凤山寺进行修缮，保留了凤山寺古色古香的特色。每逢农历二月二十二日广泽尊王诞辰日，古晋凤山寺都会依传统举行盛大的出游巡幸庆典，成为当地华人的一大盛会。

马来西亚砂拉越州古晋凤山寺正殿

马来西亚砂拉越州古晋凤山寺正殿内匾额

新加坡凤山寺

印度尼西亚西爪哇唐格朗的文德庙

新加坡凤山寺的历史可追溯到清朝道光年间（约 1836），最初由新加坡的福建南安籍华人建于丹绒巴葛青山亭，1907 年因新加坡市区重建迁移至摩哈末苏丹路现址动工建设，1913 年竣工落成。新加坡凤山寺富丽堂皇，古色古香，1978 年被列为新加坡国家保留的古迹之一。每年的农历二月二十二日凤山寺都会办千人宴，同时演酬神戏，庆祝广泽尊王圣诞。农历八月二十二日则举行盛大祭拜仪式，纪念广泽尊王坐化登神。

在印度尼西亚西爪哇的唐格朗，早在 17 世纪初就有来自福建的华人移居于此。当地有一座始建于 1684 年的文德庙，是唐格朗最早的华人庙宇，主祀观音菩萨，配祀的诸多神明中就有广泽尊王。

文莱首都斯里巴加湾的腾云殿原名腾云寺，是文莱唯一的华人庙宇，20 世纪初由福建籍华人建立，后毁于战火。现在的腾云殿是 1958 年另行择址修建的，于 1960 年 12 月落成，并将“寺”改为“殿”。腾云殿供奉的主神为广泽尊王，源自福建南安凤山寺，除广泽尊王外，该殿还供奉玄天上帝、关圣帝君、保生大帝、哪吒三太子、注生娘娘、福德正神、虎爷公等。腾云殿里至今还保留着原宫庙腾云寺使用过的旧柱础，据说是早年专门从福建定制的石柱。

文莱腾云寺（1918 年）

文莱腾云殿大殿

文莱腾云殿牌楼

二、保生大帝信仰

保生大帝本名吴夲，字华基，别号云衷，又称大道公、吴真人，北宋泉州府同安县白礁乡（今漳州白礁村）人，生于北宋太平兴国四年（979）三月十五日，卒于景祐三年（1036）五月初二日。据地方史料记载，吴夲年幼时“早具道性，颖悟绝伦。既长，凡天文地理礼乐刑政诸书，过目成诵，罔不淹通，尤精岐黄。济人救世无论贵贱，按病授药如矢破的，或吸气嘘水以饮，沉疴立愈”，成为北宋时期福建漳泉地区的一代名医。当吴夲上山采药、不幸跌落山崖仙逝之后，漳泉百姓“闻者追悼感泣，争相绘其像而敬事之”，呼为医灵真人，虔加祭祷。后来，吴夲的事迹传遍闽粤各地，广为人们敬仰和崇拜。

宮寥落，西宮久圮，北西二宮亦屬海澄界。
龍湫庵，當在白礁，俟考。
先塋
神祖塋在文圃山西，陰陽家以爲犀牛望月之穴云。
傳略
神姓吳名本（大从十音叨）字華基，號雲衷，泉州同安積善里
人。先世周泰伯之後，三十一傳至公子季札，後分支
居泉州清溪石門，復遷臨漳，九世祖修齋避亂同安
之白礁，遂居焉。先世多隱德，父名通，清操自持，循循
善誘人。母黃氏，幽閑貞靜，夢吞白龜，遂孕。宋太宗太
平興國四年己卯，神父母同夢南陵使者、北斗星君，
白衣長素眞人護送童子至寢門，曰是紫薇帝星也。
俄而神生，景雲覆室，紫氣盈庭，時爲三月十五日辰
刻也。神早具道性，穎悟絕倫。既長，凡天文地理禮樂
刑政諸書，過目成誦，罔不淹通，尤精岐黃。濟人救世
無論貴賤，按病授藥，如矢破的，或吸氣嘘水以飲，沈
疴立愈。年十七，遊名山，遇異人，泛槎江上，邀同往，欣
然登舟，忽至崑崙陟絕頂，見西王母，留宿七日，授以
白礁志略卷一 三 冠海堂纂刊

清末福建侯官人杨浚所著《白礁志略》书影

由于吴夲出生于泉州府同安县积善里的白礁村，采药炼丹于漳州府龙溪县三都的青礁村，因此漳泉百姓在吴夲羽化成仙之后，分别在青礁和白礁各立宫庙一所，崇祀吴夲。南宋乾道七年（1171），宋孝宗赐吴夲“大道真人”名号，并赐庙号曰“慈济宫”。此后历代王朝陆续加封“普佑真君”“护灵侯”“正佑公”等封号。到了明朝，又加封为“恩主昊天金厥御史、慈济医灵妙道真君、万寿无极保生大帝”。白礁与青礁两地相隔仅数里，“白礁乃坐化处，属同安界；青礁乃炼丹处，属海澄界。泉人多谒白礁，漳人多谒青礁”，白礁与青礁慈济宫同为保生大帝的祖庭。

保生大帝祖宫——白礁慈济宫

保生大帝祖宫——青礁慈济宫

青礁慈济宫保生大帝神像

在东南亚各地，举凡有福建漳泉移民聚居的地方，都有奉祀保生大帝的宫庙以及众多敬奉保生大帝的信徒。

在保生大帝青礁慈济宫中殿左边墙上，嵌有一方题名为《吧国缘主碑记》的花岗岩石碑，记载了印度尼西亚吧城华人捐资重修青礁慈济宫的史实。据《吧国缘主碑记》记载，清顺治十八年（1661）清朝厉行“海禁迁界”政策之后，地处滨海之地的青礁慈济宫“庙成荒墟”。清康熙二十三年（1684）“开禁复界”以后，青礁颜氏后裔“复捐募重修。营立殿阙，架构粗备，未获壮观，赖吧国甲必丹郭讳天榜、林讳应章诸君捐助之。一旦乐睹其成，焕然聿新”。碑记落款的时间为“康熙三十六年岁在丁丑孟冬”，即公元 1697 年。此次来自吧国的“缘主”（捐助人）计有甲必丹 14 人、信士 108 人，共捐缘银“肆百贰拾两”。如今，这方石刻碑记依然保存完好，成为印度尼西亚闽籍华人崇祀保生大帝的历史见证。

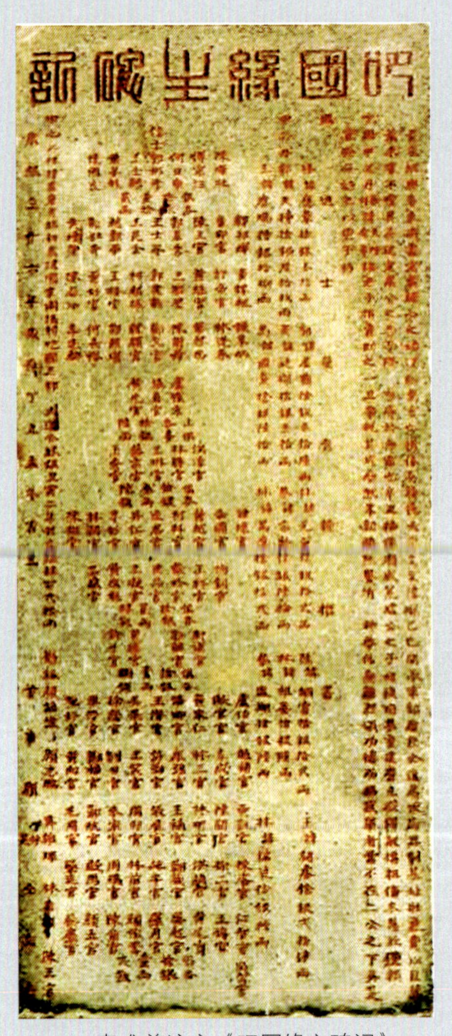

青礁慈济宫《吧国缘主碑记》

印度尼西亚三宝垄大觉寺

印度尼西亚三宝垄大觉寺匾额

印度尼西亚中爪哇三宝垄的华人移民也大多来自福建漳泉一带，均为保生大帝的信众。1860 年前后的五月初一，三宝垄华人领袖陈宗淮从福建请来一尊保生大帝神像，三宝垄大觉寺的僧人举行了隆重的迎神庆典。他们抬着保生大帝的金身到华人居住区绕境巡游，而后迎回大觉寺左侧的神殿里供奉。此后，每年农历五月初一，当地华人都要举行游行庆典，以纪念保生大帝抵达的日子。

此外，在印度尼西亚中爪哇梭罗市也有一座供奉保生大帝的华人宫庙——保安宫，创建者为当地的福建同安移民先贤。该宫庙取名“保安”，寓有“保佑同安”之意。除了供奉主神保生大帝之外，保安宫还奉祀关圣帝君、玄天上帝、广泽尊王、福德正神、观音菩萨、天上圣母等其他神祇。

马来西亚的槟榔屿也是福建漳泉移民的主要聚居地，其中又以保生大帝故里——海澄三都地方人氏为数最多。在槟城华人邱、杨、谢、林、陈五大姓氏中，邱、杨、谢三姓的祖籍地新垵、霞阳、石塘，与保生大帝祖宫的青礁、白礁慈济宫一样同属漳泉交界地区。早在槟榔屿开埠之初，邱氏、杨氏以及谢氏的先民就开始陆续移居到槟城，并分别建造了他们各自的祠堂，邱氏曰“龙山堂”，杨氏曰“植德堂”，谢氏曰“世德堂”。这些祠堂均是宗祠和神庙合二为一，祠堂中不仅供奉其祖先牌位，而且也奉祀其祖籍地的守护神，保生大帝就是其中之一。

马来西亚槟城邱氏龙山堂

马来西亚槟城杨氏植德堂

马来西亚槟城谢氏世德堂

马来西亚槟城朝元宫前亭

马来西亚槟城朝元宫正殿

马来西亚槟城轮渡码头附近的姓氏桥，是一片搭盖在海上用桩柱支撑并用木板铺设成桥梁作为街道与陆地相连的水上建筑群，因为是同姓者同住一桥，故称“姓氏桥”，现仍存有王、林、周、陈、李、杨及杂姓七桥。这些桥上居民的祖先大多来自福建同安县，于19世纪中期陆续迁居于此。在姓氏桥的“姓周桥”入口处，有一座朝元宫，殿内奉祀的主神也是保生大帝。

马来西亚槟城日落洞青龙宫

马来西亚马六甲青云亭正殿左侧的保生大帝神龛

马来西亚槟城日落洞的青龙宫，俗称大帝爷庵，由槟榔屿闽籍先贤创建于1886年。主殿崇祀着保生大帝、神农圣师及清水祖师，左右两侧安奉着天兵天将；左殿供奉着福德正神；右殿则供奉着观世音菩萨。据传，19世纪中叶一位张姓福建移民将保生大帝的香火从福建同安白礁慈济宫引接到日落洞供奉，此后，信善云集，香火鼎盛。

此外，在马来西亚马六甲最古老的华人庙宇——青云亭里也供奉着保生大帝。青云亭正殿右侧神龛供奉天上圣母，左侧神龛则供奉保生大帝诸神明。在保生大帝神龛上方有“道济生灵”的匾额，题写年代为清乾隆五十一年（1786）。

新加坡天福宫正殿

在新加坡的天福宫里同样供奉着保生大帝。天福宫位于新加坡直落亚逸街，这里原本临山面海，早在新加坡开埠以前，就有华人在此设坛祀神。1840 年天福宫落成，大殿正中奉祀天上圣母妈祖神像，东堂祀关圣帝君，西堂祀保生大帝。

新加坡天福宫大殿西堂的保生大帝神像

三、清水祖师信仰

清水祖师，又称清水真人、蓬莱祖师、黑面祖师、祖师公、昭应祖师、佛祖公、麻章上人等，俗姓陈，名荣祖，法名普足，福建永春小岵乡人。生于北宋庆历四年（1044）正月初六日，自幼出家，后有小成，到高太山结茅筑庵，闭关静坐，经大静山明松禅师指点，参读佛典三年，终于悟道，致力于施医济药，普救贫病，并募缘修建大小桥梁，以利往来。后移庵麻章，为人治病，药到病除，为众祈雨，如斯皆应，被百姓称为麻章上人。北宋元丰六年（1083），安溪一带大旱，乡人延请祖师祈雨，立获甘霖。百姓感祖师道行，经祖师同意，集资在张岩山旁建造房屋供祖师居住，因石泉清冽，改名为“清水岩”，祖师也因此被尊称为“清水祖师”。

安溪清水岩清水祖师石像

丹臼、在半嶺亭大石一窩、相傳虎祇神於此鍊丹焉、貯
水不涸、
袈裟石、在丹臼下、神脫袈裟於石上、影入石中、故名、
護界宮、在嶽下坡道側、坦處即古宮址、
佛國碑二、均在巖下、來路去路皆有焉、
憩亭在南頭坡上、宋邑令趙彥侯游憩於此、因建亭焉、
覺亭在蓬萊坊外、南北分路處、舊名茶亭、
塔子、在覺路旁、舊有七座、
泗洲佛、在巖外一里許、有僧伽石像露其頂、

傳略
神姓陳、名普足、永春小姑鄉人、為宋理學名儒溫陵陳
知柔字體仁號休齋之裔、父某、母洪氏、幼出家大雲
院、長結廬高泰山、更入大靜山、事明禪師、業成辭還、
命之曰、爾營方便、濟足一切、且授以法衣、曰、非致精
嚴、勿衣此、既歸、乃造橋梁、以便往來、後移居麻章庵、
祈雨應期、元豐六年、清溪大旱、便村劉氏謀於衆、延
神至、甘霖隨沛、衆為築室張巖山、即今之清水巖、請
駐錫焉、是年造通泉橋、谷口橋、又十年造汰口橋、或曰

清水巖志略卷一　四　冠梅堂募刊

清末福建侯官人杨浚所著《清水岩志略》书影

安溪清水岩清水祖师金像

清水祖师在安溪清水岩修行18年，行医救世、独力募化、修桥铺路，泉州、漳州、汀州一带的人都十分崇信他。北宋建中靖国元年（1101）五月十三日，清水祖师在说教中端坐仙逝，享年65岁。信众以沉香木刻祖师像，供奉于清水岩大殿中。从宋到清，清水祖师先后四次获皇帝敕封。

安溪清水岩祖师殿

安溪清水岩清水祖师祖庭

随着安溪人远渡南洋，他们将安溪清水岩清水祖师公的香火带到东南亚各地，以庇佑他们在异国他乡四时平安。早在明万历二年（1574），华侨就在泰国北大年建造祖师公祠，供奉清水祖师，这是东南亚最早的清水祖师庙，同时也是东南亚较早的华人庙宇之一。

清乾隆二十四年（1759）印度尼西亚巴达维亚的福建籍华侨就在吧城洪溪建立了一座清水祖师庙。吧城吧国公堂档案《公案簿》1849 年 5 月 26 日案卷记载了吧城华人请求修葺日渐坍圮的清水祖师庙的事情。此外，在印度尼西亚还有一些供奉清水祖师的华人庙宇，例如，巴达维亚丹绒加逸清光绪年间（1875—1908）创建的祖师庙、廖内望加丽的福安宫、苏门答腊亚齐怡里的兴水宫、亚齐司马威的清水祖师庙，以及苏门答腊棉兰清宣统元年（1909）创建的福临宫等等。

本堂以便查勘具詞詳覆
具禀呈人陳水生為懇修廟宇事伏因洪溪　清水祖師廟自
乾隆己卯建置以來百有餘載雖見佛國云遥神靈如在四
方仰庇沛澤咸熙但以日將月就兩廊墻址久經頹廢僅
存殿落亦已岌岌誠恐一旦傾圮佛像何依伏懇
列位甲必丹大人爰發婆心倡首公義勉衆捐題重修廟宇
塑整　神座庶則琉璃不滅寶鴨長焚神威顯著福有攸
歸生曷勝懇訴之至須至禀者呈
公堂列位甲必丹大人電照
己酉閏四月初五日
和曆五月廿六日　洪溪社黑氏陳水生禀
公堂会議論陳水生所禀洪溪　清水祖師庙已將毁壞懇為修理一事
又覌丹戎　上帝爺庙亦將毁壞此二庙　本堂宜速修理然欲
修理必先行文請知　挨寔哋方出告示諭知諸葙氏若諸葙氏
欲知其規例可往　朱葛礁處請閱其条規然後捐題各發心以
修理其庙存案

吧城吧国公堂档案《公案簿》所载修理洪溪清水祖师庙事

马来西亚槟城青云岩蛇庙

19 世纪 30 年代以后，在马来西亚、新加坡、印度尼西亚、缅甸、泰国、菲律宾、越南等地陆续兴建起不少供奉清水祖师的庙宇。

马来西亚槟城万脚兰的青云岩蛇庙原称福兴宫，主祀清水祖师。这座蛇庙创建于清道光三十年（1850），迄今已有 160 多年的历史。

缅甸仰光高解福山寺始建于清同治十三年（1874），位于仰光北郊，是仰光福建籍华人供奉清水祖师的寺庙。1954 年，高解福山寺进行了重修。1959 年，福山寺管理机构——庆福宫信托部将高解福山寺园内旷地建设为花园，作为华人假日休闲的场所。如今的福山寺集寺庙、花园、体育、娱乐、休闲、旅游为一体，成为缅甸仰光著名旅游景点之一。

缅甸仰光高解福山寺

泰国曼谷的顺兴宫清水祖师公庙位于曼谷市昭披耶河畔，建于清同治十一年（1872），是泰国福建会馆的发祥地。顺兴宫清水祖师公庙是一座香火鼎盛的泰国福建籍华人的祖庙，殿宇巍峨，主坛供奉清水祖师。此外，在泰国的普吉岛也有一座创建于清同治十三年（1874）的福元宫，宫内供奉的主神也是清水祖师。

泰国曼谷顺兴宫清水祖师公庙

泰国普吉岛福元宫

四、天上圣母（妈祖）信仰

天上圣母，又称妈祖、天妃、天后、天妃娘娘。妈祖原名林默（960—987），又称默娘，北宋年间福建莆田湄洲岛人。默娘自幼聪颖灵悟，成人以后，识天文、懂医理，相传可“乘席渡海”，能“言人休咎”，又急公好义，助人为乐，做了很多好事，深受邻里乡亲的爱戴。相传妈祖在 28 岁那年在海上营救遇难的船只时，不幸溺水身亡，后羽化升天，成为中国东南沿海地区的航海保护神。从宋到清，妈祖受到历代皇帝先后 36 次敕封，逐渐由民间神提升为官方的航海保护神，由地方保护神走向全国乃至世界。

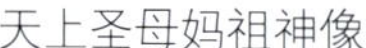
天上圣母妈祖神像

莆田湄洲岛妈祖石像

莆田湄洲岛妈祖祖庙山门

北宋雍熙四年（987），妈祖羽化升天后，人们在她的出生地湄洲岛建庙祭祀，这座庙宇是世界上始建年代最早、建设规模最大、祭拜规格最高的妈祖庙，也是妈祖信仰的发祥地，被尊称为湄洲祖庙。

莆田湄洲岛妈祖祖庙全景

自明清以来，妈祖信仰随着福建华侨的南渡而传播到东南亚各地。在马来西亚、新加坡、泰国、印度尼西亚、越南、菲律宾等地，都建有供奉妈祖的庙宇。

在印度尼西亚，据估计，有妈祖庙 40 多座。其中，巴达维亚金德院始建于清顺治七年（1650），是全印度尼西亚最早供奉妈祖的华人庙宇。金德院原名观音亭，位于巴达维亚小南门外的华人居住区内，由祖籍福建海澄的吧城华人雷珍兰郭训观及其兄郭乔观带头捐资，如松和振耀大师创办，于清康熙八年（1669）落成。观音亭的正座祀佛祖，右座祀关圣帝君，左座祀妈祖。清乾隆二十一年（1756），时任吧城华人甲必丹黄市闹将观音亭改名为金德院，2015 年 3 月毁于大火。

印度尼西亚巴达维亚金德院

印度尼西亚巴达维亚金德院正殿

2012 年印度尼西亚发行的金德院纪念邮票

印度尼西亚巴达维亚金德院旧照

印度尼西亚民丹岛丹戎槟榔市天后宫

在印度尼西亚廖内省民丹岛丹戎槟榔市区有一座天后宫，始建于19世纪20年代初期，由移居当地的闽粤华侨共同捐资创建，主祀天上圣母妈祖，左右两侧分别奉祀大伯公及伽蓝菩萨，后殿供奉有观音菩萨、清水祖师、关圣帝君、千手观音等。

印度尼西亚民丹岛丹戎槟榔市天后宫正殿

印度尼西亚民丹岛丹戎槟榔市天后宫供奉的妈祖神像

印度尼西亚民丹岛丹戎槟榔市天后宫牌匾

印度尼西亚民丹岛丹戎槟榔市天后宫大殿内景

马来西亚槟城林氏九龙堂

在马来西亚，马六甲的青云亭正殿主祀观音菩萨，配祀天上圣母妈祖诸神明。此外，马六甲的宝山亭、槟榔屿的观音亭（广福寺），以及槟城林氏九龙堂等都有奉祀妈祖。其中，槟城林氏九龙堂始建于1863年，落成于1866年，为晋安郡王、福建林姓始祖林禄的后裔所建。

马六甲青云亭正殿右侧的妈祖神座

新加坡天福宫旧照

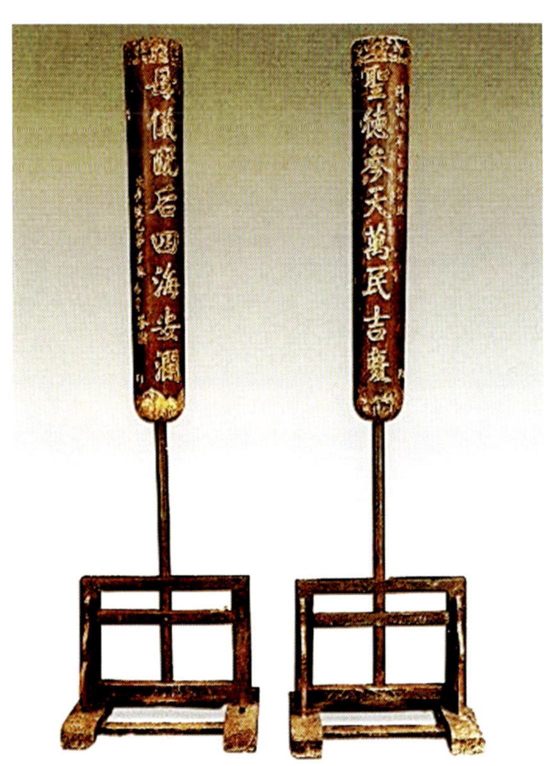

新加坡天福宫内的清同治八年（1869）木烛台

新加坡的天福宫供奉的主要神明也是天后妈祖。新加坡天福宫亦称妈祖宫，据《建立天福宫碑记》记载，天福宫“于道光二十年（1840）告成。宫殿巍峨，蔚为壮观。即以中殿祀圣母（妈祖）神像，特表尊崇。于殿之东堂祀关圣帝君，于殿之西堂祀保生大帝，复于殿之后寝堂祀观音大士，并为我唐人会馆议事之所”。

新加坡天福宫大门

新加坡天福宫大殿

新加坡天福宫大殿正中供奉的妈祖神像

越南会安福建会馆两层牌楼正面

越南会安福建会馆两层牌楼背面

越南会安福建会馆

越南会安福建会馆正殿

在越南，会安、边和以及西贡等地的福建华侨地缘性会馆庙宇也都供奉妈祖。例如，越南会安的福建会馆建成于清乾隆十六年(1751)，是一座专门供奉天上圣母妈祖的庙宇。福建会馆前有一座两层牌楼，正面上层的雕刻题词为“金山寺”，下层为“福建会馆”；牌楼背面上层的雕刻题词为“天后宫”，下层为“惠我同人”。会安福建会馆为典型的中国式建筑，古色古香，正殿供奉妈祖神像。

越南会安中华会馆

越南会安中华会馆内的天后宫

宋代以后，妈祖由民间神升格为官方的海上保护神，不仅福建籍华侨崇祀妈祖，其他诸如广肇、潮州、琼州乃至江浙籍的华侨也同样奉祀妈祖。例如，越南会安的中华会馆相传始建于明成化年间（1465—1487），是会安最早建立的华人会馆之一，清乾隆六年（1741）更名为洋商会馆，由福建、广东、海南等“各省船长众商”合资兴建，作为所有会安华人共同的会馆，同时在中华会馆内建天后宫，主祀妈祖作为当地华人共同的保护神，两边供奉观音菩萨和财帛星君。

马来西亚槟城天后宫（海南会馆）

马来西亚吉隆坡乐圣岭天后宫

在东南亚，海南籍华侨建立的海南（琼州）会馆内大多有供奉天上圣母妈祖的天后宫，通常会馆与天后宫合二为一，这与海南籍华侨大多从事航海业或捕鱼业有密切关系。例如，马来西亚槟城天后宫（海南会馆）创立于1886年以前，1895年重建，主祀海员保护神——天上圣母妈祖。据说19世纪海南籍华侨初至槟城时，大部分的工作都被闽粤籍华人占据了，海南籍移民只得从事航海和捕鱼业，于是就有了拜妈祖的传统。会馆与天后宫合二为一的建筑传统一直延续下来，成为海南会馆的一大特色，1987年建成的吉隆坡乐圣岭天后宫也是如此。吉隆坡乐圣岭天后宫由雪隆海南会馆筹建，1989年启用，是吉隆坡当地标志性的华人庙宇，主祀天后妈祖，左右侧殿分别供奉水尾圣娘及观音菩萨。

五、注生娘娘（陈靖姑）信仰

注生娘娘陈靖姑，又名陈进姑，又称临水夫人、大奶夫人、顺懿夫人等。一说福州人，一说古田人，生于唐大历二年（767），卒于唐贞元七年（791）。陈靖姑之父陈昌，母葛氏，世代务农兼业巫。传说陈靖姑13岁时入道教正宗闾山派许真人门下学道，18岁时嫁给古田人刘杞。陈靖姑先后在闽江流域及闽北诸地施医救产，除恶安良。唐贞元七年（791），福建遭遇大旱，陈靖姑带孕祈雨消灾，几经险恶环境，终至难产而死，年仅24岁。后人深感其德，在其殁地古田大桥镇临水村建庙崇祀。庙初名龙源庙，南宋淳祐年间（1241—1252），宋理宗赐额“顺懿”，故名顺懿庙。因该庙坐落于临川河畔，后称临水宫，陈靖姑亦称临水夫人。

临水夫人陈靖姑造像

注生娘娘祖庭——古田临水宫

位于福州仓山区的陈靖姑出生地

宋代以后，陈靖姑屡次受到历代朝廷的敕封。因此，陈靖姑的尊称或封号甚多，如通天圣母、慈济夫人、临水陈夫人、临水陈太后、顺天圣母、注生娘娘等，福建民间则习惯地称陈靖姑为陈夫人、陈太后、临水奶（奶，方言中是母亲的意思）、娘奶、夫人奶、大奶夫人等。注生娘娘陈靖姑是专司人间生育的神，传说在保护妇幼上颇有奇效，因而又被称为“救产护胎佑民女神”。注生娘娘陈靖姑的造像，多是左手执簿本，右手持笔，象征其记录家家户户子嗣之事。闽粤民间妇女临产时，都会供奉陈靖姑画像，等到平安生下孩子后，在洗儿日，再次向画像拜谢。

古田大桥镇临水祖宫匾额

古田大桥镇临水祖宫全景

马来西亚马六甲三多庙

马来西亚马六甲三多庙主殿

马来西亚马六甲天德宫注生娘娘庙

随着福建先民下南洋谋生，注生娘娘（陈靖姑）信仰也在东南亚地区广泛传播，被尊为“妇幼保护神”。在东南亚各地福建人兴建的各种宫庙中，大多配祀和附祀有注生娘娘（陈靖姑）的神像。例如，在马来西亚马六甲有一座始建于1795年的三多庙。所谓“三多”，即多福、多寿、多子孙。三多庙主殿供奉土地公（大伯公）、注生娘娘和华佗，配殿供奉的是财神爷和观音娘娘。此外，马六甲天德宫注生娘娘庙，据说也有100多年的历史。

结束语

福建与东南亚地区关系密切，渊源颇深。东南亚地区是海外华人华侨最为集中的地区，也是福建籍华人华侨在海外的主要聚居地。早期下南洋的福建先民筚路蓝缕、披荆斩棘，是东南亚地区建设的重要力量，为东南亚地区的开发及发展做出了巨大贡献。

2013 年 10 月，习近平总书记在访问东盟时提出了共建“21 世纪海上丝绸之路”的倡议。福建作为侨乡，是古代海上丝绸之路的重要起点，同时也是建设 21 世纪海上丝绸之路的核心区，具有得天独厚的优势，必将重现古代海上丝绸之路的辉煌。

参考文献

1. 张馨编:《尚书》，中国文史出版社，2003 年。
2.〔汉〕刘安著:《淮南子》，河南大学出版社，2010 年。
3.〔汉〕袁康著:《越绝书》，商务印书馆，1937 年。
4.〔晋〕陈寿撰，〔宋〕裴松之注:《三国志》，中华书局，2005 年。
5.〔唐〕道宣撰:《续高僧传》，中华书局，2014 年。
6.〔宋〕范晔著:《后汉书》，中华书局，2007 年。
7.〔宋〕毕仲衍撰，马玉臣辑校:《〈中书备对〉辑佚校注》，河南大学出版社，2007 年。
8.〔宋〕赵汝适撰:《诸蕃志》，中华书局，1985 年。
9.〔宋〕周去非撰:《岭外代答》，商务印书馆，1936 年。
10.〔宋〕林之奇撰:《拙斋文集》，国家图书馆出版社，2013 年。
11.〔元〕脱脱等撰:《宋史》，中华书局，1977 年。
12.〔元〕汪大渊原著，苏继校释:《岛夷志略校释》，中华书局，1981 年。
13.〔明〕巩珍著，向达校注:《西洋番国志》，中华书局，2000 年。
14.〔明〕马欢著，万明校注:《明钞本〈瀛涯胜览〉校注》，海洋出版社，2005 年。

15.〔明〕费信著:《星槎胜览》，中华书局，1991年。

16.〔明〕黄衷著:《海语》，中华书局，1991年。

17.〔明〕李时珍著，倪泰一等编译:《本草纲目》，重庆出版社，2014年。

18.〔明〕严从简著，余思黎点校:《殊域周咨录》，中华书局，1993年。

19.〔明〕张燮著，谢方点校:《东西洋考》，中华书局，2000年。

20.〔明〕宋应星著:《天工开物》，世界书局，1936年。

21.〔明〕黄省曾著:《西洋朝贡典录》，中华书局，1982年。

22.〔明〕何乔远编撰:《闽书》，福建人民出版社，1994年。

23.〔清〕梁廷枏撰:《粤海关志》，台湾成文出版社，1968年。

24.〔清〕陈伦炯著:《海国闻见录》，台湾银行经济研究室，1958年。

25.〔清〕王大海著，姚楠、吴琅璇校注:《海岛逸志》，香港学津书店，1992年。

26.〔清〕陈世元汇刊:《金薯传习录》，福建省图书馆，1963年。

27.〔清〕徐继畬著:《瀛寰志略》，上海书店出版社，2001年。

28.〔清〕杨浚辑:《四神志略》，1989年。

29.〔清〕杨浚辑，戴凤仪纂:《清水岩志略》，广陵书社，2004年。

30.《明清史料·庚编》，中华书局，1970年。

31.〔民国〕李驹主纂:《长乐县志》，福建人民出版社，1994年。

32. 怀效锋点校:《大明律》，法律出版社，1999年。

33. 海军海洋测绘研究所、大连海运学院航海史研究室编制:《新编郑和航海图集》，人民交通出版社，1988年。

34. 泉州市历史研究会编:《泉州名胜诗词选》，福建人民出版社，1983年。

35. 吴凤斌、聂德宁、谢美华编纂:《雅加达华人婚姻1772—1919年吧城唐人成婚注册簿》，厦门大学出版社，2010年。

36. 国家文物局编:《海上丝绸之路》，文物出版社，2014年。

37. 庄为玑等编著:《海上丝绸之路的著名港口——泉州》，海洋出版社，1989年。

38. 华侨博物院著:《华侨博物院藏品精华》，文物出版社，2009年。

39. 林孝胜等合著:《石叻古迹》，南洋学会，1975 年。

40. 柯木林等著:《石叻史记》，新加坡青年书局，2007 年。

41. 宋旺相著，叶书德译:《新加坡华人百年史》，新加坡中华总商会出版社，1993 年。

42. 陈衍德著:《集聚与弘扬：海外的福建人社团》，湖南人民出版社，2002 年。

43. 林忠强等主编:《东南亚的福建人》，厦门大学出版社，2006 年。

44. 杨庆南著:《世界华侨名人传》(第七册)，马华企业有限公司，1987 年。

45. 华社资料研究中心编:《历史的足音：三保山资料选辑》，马六甲中华总商会，1989 年。

46. 林孝胜、林福源、柯木林编:《新加坡华人会馆沿革史》，新加坡，1986 年。

47. 陈剑虹:《槟榔屿华人史图录》，马来西亚槟城，2007 年。

48. 吴文焕、洪玉华编:《文化传统：菲华历史图片》，菲律宾华裔青年联合会、纪念施振民教授奖学金基金会，1987 年。

49. 洪卜仁、何丙仲、白桦编:《厦门旧影》，人民美术出版社，1999 年。

50. 李勇:《从闽南人到“福建人”——殖民地时代新加坡华人社群建构的历史考察》，厦门大学硕士学位论文，2006 年。

51. 福建省地方志编纂委员会编:《福建省历史地图集》，福建省地图出版社，2004 年。

52. 柯木林主编:《图说石叻坡》，新加坡宗乡会会馆联合总会，2014 年。

53. 张芝联、刘学荣主编:《世界历史地图集》，中国地图出版社，2002 年。

54. 李利安:《真谛大师传》，台湾佛光出版社，1997 年。

55. 杨亚非编著:《可爱的台湾(中学版)》，华南理工大学出版社，2000 年。

56.[意大利]马可·波罗著，冯承钧译:《马可·波罗行纪》，上海书店出版社，2001 年。

57.[摩洛哥]伊本·白图泰著，马金鹏译:《伊本·白图泰游记》，宁夏人民出版社，2000 年。

58.[阿拉伯]伊本·胡尔达兹比赫著，宋岘译注:《道里邦国志》，中华书局，1991 年。

59.[荷]包乐史著，吴凤斌校注:《公案簿》(第一辑)，厦门大学出版社，2002 年。

60.[荷]包乐史著，庄国土、程绍刚译:《中荷交往史:1601—1999》，荷兰路口店出版社，1999 年。

61.［新加坡］星洲日报、档案及口述历史馆:《从明信片回顾新加坡（1900—1930 年）》，新加坡，1982 年。

62. Claudine Salmon : Ming Loyalists in Southeast Asia: As Perceived through Various Asian and European Records, Maritime Asia 27, Wiesbaden: Harrasowitz Verlag, 2014.

63. Femme S. Gaastra, The Dutch East India Company: Expansion and Decline, Zutphen: Walburg Press, 2003.

图书在版编目（CIP）数据

牵星过洋：福建与东南亚/聂德宁，张元著．—福州：福建教育出版社，2018.12（2023.2 重印）
（图说福建与海上丝绸之路/谢必震主编）
ISBN 978-7-5334-7986-2

Ⅰ．①牵…　Ⅱ．①聂…　②张…　Ⅲ．①对外经济关系—史料—福建、东南亚　Ⅳ．①F127.57②F133.055

中国版本图书馆 CIP 数据核字（2017）第 326472 号

图说福建与海上丝绸之路
主编　谢必震　　副主编　吴巍巍

Qian Xing Guo Yang
牵星过洋
——福建与东南亚
聂德宁　张元　著

出版发行　福建教育出版社
（福州市梦山路 27 号　邮编：350025　网址：www.fep.com.cn
编辑部电话：0591-83716736
发行部电话：0591-83721876　87115073　010-62024258）
出 版 人　江金辉
印　　刷　福州印团网印刷有限公司
（福州市仓山区建新镇十字亭路 4 号）
开　　本　890 毫米×1240 毫米　1/16
印　　张　16.5
字　　数　301 千字
插　　页　2
版　　次　2018 年 12 月第 1 版　　2023 年 2 月第 2 次印刷
书　　号　ISBN 978-7-5334-7986-2
定　　价　88.00 元

如发现本书印装质量问题，请向本社出版科（电话：0591-83726019）调换。